SAND

Dépôt légal : 3e trimestre 2014
ISBN : 978-2-7107-8862-1

WC BOOK

D'après une idée originale de Pascal PETIOT

Responsable éditorial :
Pascal PETIOT

Éditorial :
Léa TORRES

Illustrations originales :
Ah !

Remerciements à Nadia Ivanova et au site
www.maviedefemme.com

WC BOOK
2015

Les abeilles accros à la caféine ?

Lorsque vous travaillez, vous avez l'impression d'être plus efficace lorsque vous avez une tasse de café à proximité ? Eh bien, c'est pareil pour les abeilles !

Selon une étude des chercheurs des universités de Newcastle et Greenwich, **la caféine augmente la mémoire des abeilles**. Elles se remémorent mieux les lieux où poussent les fleurs et leur pollinisation en est meilleure.

TOP 13 des sites de rencontres les plus incroyables

13 - Droite rencontre

La politique ayant déjà tué plus d'un couple, vous aurez au moins un sujet sur lequel vous ne vous étriperez pas dès le premier soir ! (Existe aussi en version Gauche rencontre et Centre rencontre)

12 - Red Head Passions

Pour ceux qui rêvent de tester le sex-appeal et les aptitudes d'un roux !

11 - Rencontre Sero

Pour les personnes atteintes du SIDA qui cherchent l'âme sœur.

10 - Sea Captain Date

L'amour rural façon *L'Amour est dans le pré*, c'est fini. Maintenant, on se fait plaisir en rencontrant un marin… Ce qui lui permettra peut-être d'avoir une femme dans chaque port !

9 - Cupidtino

Si vous avez compris le jeu de mots, ce site de rencontre est fait pour vous. Sinon passez votre chemin… Mais sachez que le nom de ce site résulte de la contraction de « Cupidon » et « Cupertino », la ville abritant le siège d'Apple. Cupidtino est donc un site de rencontre réservé aux Apple-addict.

8 - Marmite love

Destiné à ceux qui mettent la cuisine sur un piédestal… ou pour ceux qui veulent rapidement passer à la casserole !

7 - Rencontre Puceaux

« Fini les vidéos et les mouchoirs ! » : telle est la promesse de ce site ambitieux. (Existe également en version Rencontre Pucelles)

6 - Stache Passions

Pour les amateurs de moustache ; que vous les aimiez très fournies, ou hyper travaillées façon Dali, vous y trouverez forcément votre bonheur !

5 - Gothic Match

Pour ceux qui ne croient plus en Dieu, mais en Marylin Manson, et qui ne portent que du noir, même quand il fait 45 °C à l'ombre et que leur maquillage fond sur leur visage.

4 - Rencontre moche

Pour ceux qui n'y croient plus du tout…
mais qui aiment beaucoup le sexe !

3 - Diaper Mates

Voilà LE site pour coucher au sens premier du terme ! Ici, vous ne trouverez que des amateurs de couches, qui continuent d'en porter ou qui sont tout simplement nostalgiques de leur tendre enfance…

2 - Rencontre mon chien

« Parce que ceux qui aiment les chiens ont envie de rencontrer quelqu'un qui aime les chiens. Et puis, nos compagnons à 4 pattes sont un excellent premier sujet de conversation. » Et c'est le site qui le dit !

1 - Sugar Daddy

« Vous êtes un homme ? Vous avez bien réussi dans la vie, mais vous vous sentez seul. Ici vous trouverez des femmes à la recherche de réconfort et de stabilité. / Vous êtes une femme. Vous en avez ras-le-bol des jeunes sans ambition et sans avenir. Ici vous trouverez des hommes mûrs qui savent ce qu'ils veulent » Au moins, il y aura de beaux cadeaux à la clef !

CACA BOUDIN

À cause des morts, l'argent dort. . .

En France,

654 000 centenaires décédés

ont toujours un compte en banque selon un rapport de la Cour des comptes... Entre leurs comptes en banque et leurs assurances vie, ce sont plus de

4 milliards d'euros

qui dorment aujourd'hui !

QUEL ACTEUR FAIT LA MÊME TAILLE QUE VOUS ?

1,50 m	Isabelle Nanty
1,51 m	Judy Garland et Gloria Swanson
1,53 m	Danny DeVito et Kylie Minogue
1,54 m	Dakota Fanning
1,55 m	Carrie Fisher
1,56 m	Reese Witherspoon et Vanessa Hudgens

1,57 m	Eva Longoria, Salma Hayek, Alyssa Milano et Elizabeth Taylor
1,58 m	Louis de Funès
1,59 m	Jennifer Love Hewitt et Victoria Abril
1,60 m	Audrey Tautou, Ludivine Sagnier, Sarah Jessica Parker, Isabelle Huppert, Natalie Portman et Josiane Balasko
1,61 m	Jodie Foster et Romy Schneider
1,62 m	Jean Lefebvre, Jane Seymour, Mae West, Natalie Imbruglia et Madonna
1,63 m	Isabelle Adjani, Emmanuelle Béart, Renée Zellweger, Winona Ryder, Drew Barrymore et Rose McGowan

1,64 m	Penélope Cruz, Courteney Cox et Michel Blanc
1,65 m	Jamel Debbouze, Woody Allen, Jennifer Lopez, Jennifer Aniston et Demi Moore
1,66 m	Halle Berry, Virginie Ledoyen, Dustin Hoffman, Jacques Villeret et Marilyn Monroe
1,67 m	Bruce Lee, Sandrine Bonnaire et Mylène Farmer
1,68 m	Eva Green, Kirsten Dunst, Daniel Radcliffe, Teri Hatcher, Meryl Streep, Nathalie Baye et Catherine Deneuve
1,69 m	Catherine Zeta-Jones, Kate Winslet et Marion Cotillard
1,70 m	Tom Cruise, Al Pacino, Daniel Auteuil, Brigitte Bardot, Diane Kruger, Ellen Pompeo, Jennifer Connelly, Monica Bellucci, Gong Li et Aishwarya Rai

PEOPLERIES

1,71 m	Michelle Pfeiffer, Sandra Bullock et Steven Spielberg
1,72 m	James Dean, Coluche, Mireille Darc, Anémone et Laetitia Casta
1,73 m	Sophie Marceau, Meg Ryan, Carole Bouquet, Angelina Jolie et Marcia Cross
1,74 m	Sharon Stone, Robert DeNiro, Lisa Kudrow et Jackie Chan
1,75 m	Julia Roberts, Cameron Diaz, Marlon Brando et Kiefer “Jack Bauer” Sutherland
1,76 m	Benoît Magimel, Clovis Cornillac, Mel Gibson et Natacha Amal
1,77 m	Valérie Lemercier, Charlize Theron, Sylvester Stallone, Eddie Murphy, Jack Nicholson et Sean Penn

1,78 m	Daniel Craig, Johnny Depp, Zac Efron, Matt Damon, Robert Redford et Alice Taglioni
1,79 m	Patrick Dempsey, Russell Crowe, Jean-Paul Belmondo et Nicole Kidman
1,80 m	Brad Pitt, Guillaume Canet, Dany Boon et Gérard Depardieu
1,81 m	Sigourney Weaver, George Clooney et Leonardo DiCaprio
1,82 m	Jean Dujardin, Bruce Willis, Gérard Lanvin, David Caruso, Matthew Perry et Justin Timberlake
1,83 m	Uma Thurman, Tom Hanks, Nicolas Cage, Melvil Poupaud, Christian Bale et David Charvet
1,84 m	John Travolta, Thierry Lhermitte et Pierre Palmade

PEOPLERIES

1,85 m	Robert Pattinson, Harrison Ford, Eric Dane, Kevin Costner, Christophe Lambert, Benoît Poelvoorde, Vin Diesel et Heath Ledger
1,86 m	Wentworth Miller, Pierce Brosnan, Keanu Reeves et Guillaume Depardieu
1,87 m	Timothy Dalton, Roger Moore et Michel Leeb
1,88 m	Jean Reno, Will Smith, Arnold Schwarzenegger et Clint Eastwood
1,89 m	Hugh Laurie, Sean Connery, Clive Owen, Ashton Kutcher, Hugh Jackman, Morgan Freeman, Eric Bana et Samuel L. Jackson
1,90 m	Paul Walker, Lambert Wilson, Tom Welling, Josh Hartnett, James Stewart et Rocco Siffredi
1,91 m	Ben Affleck, Paul Bettany, Max von Sydow et Gary Cooper

1,92 m	Josh Duhamel, Vincent D'Onofrio et Danny Glover
1,93 m	Liam Neeson, Steven Seagal, David Hasselhoff, Tom Selleck et Jeff Goldblum
1,94 m	John Wayne et Tim Robbins
1,95 m	Vince Vaughn et Rock Hudson

Source : *L'Internaute*

Le saviez-vous ?

Pourquoi a-t-on ajouté le chiffre 51 au Pernod?

Si la célèbre marque de pastis a ajouté « 51 » à sa marque, ce n'est pas pour rien. ***Il faut savoir que de 1915 à 1922, il est absolument interdit de boire un alcool anisé quel qu'il soit (adieu donc l'absinthe!).*** En 1938, ces boissons sont autorisées… si elles ne dépassent pas les 45 degrés d'alcool. La marque Pernod lance alors son Pernod 45.

Mais cela sera de courte durée. Lors de la Seconde Guerre mondiale, le gouvernement de Vichy impute sa défaite à ***« la France de l'apéro »***. Il interdit alors la vente de toute boisson excédant les 16°.

Il faut attendre 1951 pour que cette loi soit abrogée. Pernod décide de fêter l'événement en lançant une nouvelle marque : le Pernod 51. Mais rapidement, les clients ne s'y retrouvent plus entre le Pernod 45 et le Pernod 51, sur le marché en même temps. Pernod décide alors de garder sa boisson la plus récente, et de la baptiser « Pastis 51 ».

Les personnes
jouant aux
JEUX VIDÉO
arrivent à prendre
des décisions **25 %**
plus vite que celles
n'y jouant jamais !

Énigmes

Lundi matin, une femme est retrouvée morte dans sa voiture. Le couteau qui a servi à la tuer est retrouvé sur le siège passager. Les clefs sont toujours sur le contact, toutes les fenêtres sont fermées et aucune serrure n'a été forcée. Aucune empreinte n'a été relevée dans l'habitacle et les policiers n'ont qu'une seule certitude : ce n'est pas un suicide.

Comment est-ce possible ?

Réponse :

Le véhicule est une décapotable.

Humour

Sur l'autoroute, un contrôle radar est en place quand les policiers enregistrent une belle Jaguar à 19 km/h. Stupéfaits, ils décident de retrouver ce véhicule pour en savoir plus sur ce comportement étrange. La voiture se range sur le côté. Une blonde, prénommée Emma, descend sa vitre et s'explique :

- Je respecte les limites de vitesse indiquées sur les panneaux.

Il y a inscrit « A19 », alors je vais à 19 km/h...
Le policier répond en souriant :
– Mais non, A19, c'est le numéro de l'autoroute, ce n'est pas la limite de vitesse autorisée !
Regardant la passagère, il ajoute :
– Vous devriez peut-être vous dépêcher... Votre amie a l'air d'être malade, elle est toute blanche...
Et la blonde de répondre :
– Ah... Je crois que c'est parce qu'on vient de quitter l'A313 !

Le représentant est payé par ses frais, moi aussi.

LE REPRÉSENTANT EST EFFRAYÉ PAR SES PETS, MOI AUSSI.

Wepopp pour éviter les flops

Aujourd'hui, si l'on veut organiser une soirée avec ses amis, il faut se lever tôt ! Il faut envoyer des textos et des mails, lancer une conversation sur Facebook, et passer des coups de fil. Bref, la plaie ! Mais ça, c'était avant

Wepopp.

Trois jeunes entrepreneurs parisiens ont décidé de nous simplifier la vie en lançant cette application.

Le principe :

vous choisissez quel type d'événement vous souhaitez organiser (une sortie cinéma, un apéro dans un bar, une réunion avec des collaborateurs, un repas au resto, une soirée chez vous). Vous renseignez les dates et les horaires auxquels vous êtes disponibles. Vous pouvez également ajouter des lieux. Ensuite, vous invitez vos amis via ***Gmail***, ***Facebook*** ou tout simplement par sms ; et vous attendez que chacun vote pour le créneau qui lui convient le mieux. Bonus : tout le monde n'est pas obligé d'avoir l'application pour pouvoir répondre à l'invitation !

Résultat : **vous n'avez pas à multiplier les appels, mais simplement à lancer l'appli.** Épurée et très fonctionnelle, elle risque fort de changer nos habitudes !

Wepopp – Disponible sur iPhone, iPod Touch, iPad et Android – **Gratuit**

6	4		5					
				4	3			1
			7	6		4		8
3	2		8				1	4
		9		3		7		
8	5				7		3	2
5		6		7	2			
2			4	8				
					6		2	9

Le prix d'une conférence

Pour inviter Xavier Darcos ou Luc Ferry à une conférence, il faut compter de **5 000 à 15 000 euros**.

Pour inviter Jacques Attali, Dominique de Villepin ou Alain Madelin à une conférence, il faut compter de **15 000 à 30 000 euros**.

Pour inviter François Fillon, Michel Rocard ou Jean-Pierre Raffarin à une conférence, il faut compter de **30 000 à 50 000 euros**.

Pour inviter Dominique Strauss-Kahn ou Nicolas Sarkozy à une conférence, il faut compter de **75 000 à 150 000 euros**.

Pour inviter Al Gore, Tony Blair ou Gerhard Schröder à une conférence, il faut compter de **150 000 à 250 000 euros**.

Pour vous offrir la présence de Bill Clinton, il vous faudra débourser de **250 000 à 300 000 euros !**

CONNAISSEZ-VOUS LE FOOD PORN ?

C'est en ces termes que plusieurs chefs de restaurants gastronomiques qualifient une nouvelle manie de leurs clients. Ces derniers passent leur temps à

DÉGAINER LEUR TÉLÉPHONE POUR PHOTOGRAPHIER LES PLATS QU'ON LEUR SERT.

Au final, bien peu de photos sont réussies et la plupart ne donnent pas envie, ce qui nuit aux restaurateurs. Certains pensent carrément à interdire la prise de photos dans leur établissement.

Mais le jeu en vaut-il vraiment la chandelle ?

Un adulte

est considéré comme obèse lorsque sa masse corporelle (ndlr : poids en kg divisé par taille en mètres au carré) est supérieure à 30.

Humour

Quentin était parti se balader en forêt avec des amis et, à force de s'éloigner, il se retrouve seul et complètement perdu. Pour se rassurer, il parle à haute voix tout en marchant :

– Et merde, j'suis perdu en pleine forêt !

– Et merde, j'suis perdu en pleine forêt !

- Et merde, j'suis perdu en pleine forêt !

– Et merde, j'suis perdu en pleine forêt !

– Et merde, j'suis perdu en pleine forêt !

Il est 20 h, la nuit est tombée, et Quentin marche toujours…

– Et merde, j'suis perdu en pleine forêt !

- Et merde, j'suis perdu en pleine forêt !

– Et merde, j'suis perdu en pleine forêt !

Une chouette se fait alors entendre :

– Houuuuuuuu Houuuuuuuu !

– Ben, dans la forêt, connasse !

Pourquoi dit-on...

SPAM ?

Si l'on n'a pas correctement paramétré sa boîte d'emails, on est très vite submergé de spams, ces charmants messages vous proposant des solutions magiques pour perdre 30 KG en deux jours, ou ceux d'une lointaine tante ayant besoin de cacher ses millions sur votre compte en banque... Tout le monde connaît ces mails frauduleux.

Mais qui sait que nous devons ce terme aux Monthy Python ?

En effet, ils ont créé un sketch nommé « Spam ». Ils y font référence au jambon épicé de la marque Spam et s'amusent à répéter ce mot inlassablement, jusqu'à l'énervement. ***Le sketch est une parodie d'une pub radiophonique de cette fameuse marque de jambon***. Le lancement de ce sketch coïncidant avec les débuts d'Internet, les fans des Monthy Python ont rapidement fait entrer ce mot dans la culture Web !

Lutter sans médicaments contre les maux de tête

– Un grand verre d'eau

Beaucoup de maux de tête naissent d'une déshydratation. Alors, avant de prendre un médicament, commencez par boire une grande quantité d'eau… Cela devrait faire disparaître plus d'un mal de tête !

– Appliquer une compresse de jus de citron

Le citron étant connu pour son action anti-inflammatoire, il va faciliter la régulation de la taille de vos vaisseaux sanguins et de vos nerfs. Oui, car ***la plupart des migraines sont dues à une inflammation des nerfs*** et à une hausse de la pression sanguine.

– Boire un café très corsé

La caféine contenue dans cette boisson va entraîner la dilatation des vaisseaux sanguins et, par là même, une baisse de la pression sanguine. Pour encore plus d'efficacité, ajoutez quelques clous de girofle, reconnu pour son pouvoir anti-inflammatoire naturel. Attention cependant à ne pas abuser de la caféine, vous risqueriez d'empirer votre état.

Trucs et Astuces

– *Mangez des amandes*

Les amandes contiennent un analgésique, appelé salicine. Si vous regardez sur l'emballage de votre aspirine, vous lirez « acide salicylique ». Et oui, c'est la même chose !

Manger une quinzaine d'amandes vous apportera la même dose d'analgésique qu'une dose de médicament.

– *Des huiles essentielles de menthe poivrée, citron et lavande*

Ces trois huiles sont particulièrement recommandées contre les maux de tête. Vous pouvez vous les appliquer directement sur la zone douloureuse, ou les diffuser dans une pièce via un brûle-parfum.

– *Consommez du gingembre*

Non seulement ce rhizome va lutter contre votre douleur, mais il vous évitera très certainement d'avoir la nausée !

Trucs et Astuces

– Un bain de pied très chaud

En plongeant vos pieds dans de l'eau aussi chaude que vous pouvez le supporter, vous allez pouvoir détourner le sang, très présent dans votre tête, vers vos pieds.

La pression sanguine baissant, votre mal de tête se dissipera.

– Testez l'acupression

Pour les acupresseurs, un point de notre main est directement lié aux zones du cerveau sièges des maux de tête. Ce point se situe à la base du pouce et de l'index. Cet endroit doit être massé via des mouvements circulaires pendant quelques minutes pour faire disparaître la migraine.

– Un masque à la cannelle

La cannelle est très efficace contre les maux de tête causés par le froid. Mélangez de la cannelle en poudre à quelques gouttes d'eau pour obtenir une pâte. Appliquez cette dernière sur vos tempes et votre front. Si possible, allongez-vous dans une pièce sombre et fraîche pour en tirer tous les bienfaits.

Lucas appelle son cousin, Baptiste :

– Putain, mec, je suis dégoûté ! Plus jamais j'irai au Mac Do des Champs-Élysées !

– Ah bon ? Mais pourquoi ?

- Je faisais tranquillement la queue quand un vieil homme est entré en chaise roulante.

Il n'a pas eu le temps de venir se mettre derrière moi, que trois vigiles sont venus le chercher, l'ont soulevé et l'ont mis dehors !

– Mais c'est n'importe quoi ! Ces gars devraient avoir honte de faire ça…

– Ben ouais, mais ses roues faisaient « Quick Quick Quick Quick »… !

Le saviez-vous ?

Comment soigner les maux de gorge sans médicaments

Une soirée où l'on a trop chanté, ou un simple coup de froid, suffit souvent à nous faire mal à la gorge. Vous ne voulez plus prendre de médicaments ? Vous cherchez une solution économique et naturelle pour vous soigner ?
Voici quelques astuces de grand-mère !

– Contre les extinctions de voix

En vous levant ce matin, c'est la catastrophe : plus aucun son ne s'échappe de votre gorge ! Au lieu de vous jeter sur des pastilles vendues en pharmacie, mélangez deux cuillères à café de miel, un blanc d'œuf et le jus d'un citron. Prenez-en régulièrement tout au long de votre journée et vous pourrez rapidement pousser à nouveau la chansonnette !

– Contre les quintes de toux

Pour éviter les quintes de toux nocturnes qui viennent gâcher une bonne nuit réparatrice, coupez un oignon en deux et positionnez l'une des moitiés sous votre lit, à l'endroit où vous posez votre tête. Bonne nuit garantie !

– Contre la toux sèche

Si vous n'arrivez pas à vous débarrasser d'une toux sèche, pensez à faire chauffer 30 cl de lait. Ajoutez-y une gousse d'ail coupée le plus finement possible. Une fois le lait frémissant, retirez votre casserole du feu et ajoutez deux cuillères à soupe de miel. Mélangez et servez. Buvez ce breuvage le plus chaud possible pour en décupler les effets.

CONSTIPATION

Nos bonnes Applis

Cheers !

Tous les soirs, c'est la même histoire : vous retrouvez vos potes chez eux ou dans le bistrot le plus proche, et c'est avec eux que vous décompressez en buvant un petit verre...

Et si vous en aviez assez de toujours trinquer avec les mêmes têtes ?

Si tel est votre cas, jetez-vous sur l'application

Cheers !

Le principe est très simple : vous vous prenez en photo en train de trinquer avec cette application, vous indiquez votre nom, ou surnom, et votre ville. Puis, vous attendez qu'une personne vienne, aléatoirement, trinquer avec vous.

L'application étant mondiale, vous avez toutes les chances de boire (virtuellement) un verre avec un Australien, une Américaine ou un Japonais !

Allez, ***cheers*** !

Cheers ! – Disponible sur iPhone, iPod Touch, iPad et Android - **Gratuit**

L'ARMÉE CHINOISE PEINE… À CAUSE DE LA TAILLE DE SES MILITAIRES !

Depuis 1980,

LES CHINOIS ONT GRANDI DE 2 CM EN MOYENNE ET ONT PRIS 5 CM DE TOUR DE TAILLE !

Résultat, il devient bien compliqué pour eux de rentrer dans les tanks vétustes ou de viser correctement avec des fusils trop courts !

Aéroport Charles de Gaulle. Les passagers pour le vol Paris–New York sont invités à monter à bord de l'avion. Tous sont installés quand le pilote remonte les rangs pour aller s'installer dans le cockpit.

L'homme porte des lunettes noires et se repère grâce à une canne blanche.

Derrière lui, le copilote avance à l'aide de son chien d'aveugle. Les passagers rient nerveusement, mais aucun n'ose parler. De toute façon, les moteurs sont déjà en marche, et l'avion se déplace sur le tarmac. Il prend de plus en plus de vitesse. Les passagers n'osent toujours pas parler.

La fin de la piste n'est plus qu'à quelques mètres quand tous poussent simultanément un grand cri de désespoir…

L'avion quitte alors le sol et prend son envol.

Le pilote prend le copilote à partie et s'exclame :

« Un de ces jours, on va finir par mourir à cause de ces connards qui n'osent pas crier à temps ! »

Vous venez d'acheter une lapine d'une espèce très rare. Sa particularité ? Elle peut avoir jusqu'à 6 petits, et ce, tous les trois mois.

Combien de lapereaux maximum aurez-vous vu naître en 33 mois ?

Réponse :
6, en partant du principe que la lapine achetée était déjà enceinte. Une fois seule, la lapine ne peut plus procréer.

14 km

de tunnel, dont

1,4 km

immergé sous le Bosphore, relient la partie asiatique d'Istanbul à sa partie européenne. Il a été construit pour diminuer le fort trafic dans la ville.

La pleine lune perturbe vraiment le sommeil !

Entre les loups-garous qui se transforment et les enfants qui deviennent intenables, on a toujours prêté beaucoup d'effets à la pleine lune… Eh bien, il semblerait que tout cela soit fondé !

C'est en tout cas ce qu'ont prouvé des scientifiques suisses. Selon une étude publiée dans Current Biology, **nous mettons 5 minutes de plus pour nous endormir** et dormons 20 minutes de moins à chaque pleine lune.

Il ne manquerait plus que l'on nous prouve que les loups-garous se transforment vraiment les nuits de pleine lune !

LES TOPS DU WCB

TOP 5 des phrases prononcées par les passagers

5. Mais si le pilote est aux toilettes, qui pilote l'avion ?

4. Les hôtesses étaient loin d'être aussi sexy que ce que j'attendais, je suis donc très déçu par ce vol !

3. Est-ce que le pilote pourrait voler plus bas pour qu'on voit un peu plus la côte ?

2. Vous pouvez me refaire les consignes de sécurité, j'ai pas écouté.

1. S'il vous plaît, pouvez-vous demander au commandant de bord d'arrêter les turbulences ?

TOP 7 des phrases prononcées par le personnel de bord

7. Merci et rappelez-vous que personne ne vous aime, vous et votre argent, autant que Southern Airlines !

6. En sortant de l'avion, vérifiez d'avoir emporté tous vos objets personnels. Tout ce qui sera oublié dans l'avion sera partagé entre le personnel de bord. Merci de ne pas oublier femme ou enfant.

5. Si vous voyagez avec un enfant en bas âge, aidez-le à mettre son masque à oxygène. Si vous voyagez avec plusieurs enfants en bas âge, décidez maintenant de celui que vous aimez le plus...

4. Bonjour à tous, nous avons une personne qui vole pour la première fois aujourd'hui et c'est aussi son 50e anniversaire ! ... Souhaitons tous un joyeux anniversaire à notre capitaine !

3. Bonjour, ici votre capitaine. Ce message pour vous rappeler que fumer est interdit sur tous les avions de la compagnie WestJet. Les passagers surpris en train de fumer seront escortés vers le lounge spécial fumeur à l'extérieur, où ils pourront voir le film Autant en emporte le vent !

2. Delta Airlines est fière de compter dans ses rangs quelques-uns des meilleurs pilotes du monde. Malheureusement, aucun d'entre eux n'est présent sur ce vol...

1. Le dernier sorti de l'avion le nettoie !

Source : *Voyagerloin.com*

Humour

Charles et toute sa petite famille sont en visite à Paris. Ils se trouvent sur le parvis de Notre-Dame lorsqu'ils remarquent une longue file d'attente devant les urgences de l'Hôtel-Dieu. Il y a au moins 8 000 personnes qui attendent là, les unes derrière les autres. Toutes ont les doigts en sang. Inquiet, Charles s'approche d'un passant et lui demande :

- Il y a une épidémie à Paris?

– Oh non, monsieur, c'est bien pire que ça !

– Ne me dites pas qu'il s'agit d'une pandémie tout de même…

– Oh non, pire encore !

– Vous commencez à m'inquiéter sérieusement, monsieur ! Est-ce que, moi aussi, je risque de finir comme ces gens ?

– Oh ben, ça dépend…

Vous faisiez quoi en mai 2012 ?

– Euh, je ne sais plus… Mais, qu'est-ce que tous ces gens ont fait en mai 2012 ?

– Ils ont voté Hollande, et aujourd'hui, ils s'en mordent les doigts !

Dommage, j'étais en face de la poutre !

DOMMAGE, J'ÉTAIS EN PASSE DE LA FOUTRE !

Pourquoi dit-on...

BOUCHER ?

Le mot boucher provient tout simplement de la viande que ces hommes vendaient à l'origine, aux environs du XIIe siècle : le bouc.

Et oui, à l'époque, pas question de porc, de cheval ou de poulet !

Des dons gratuits

Faire un don, sans rien donner !
Ça fait rêver, non ? C'est désormais possible grâce à trois étudiants français.

Le principe de ***Goodeed*** est simple.

L'internaute choisit de donner un vaccin, un sachet de riz ou de planter un arbre.

Ensuite, il regarde une vidéo publicitaire d'une vingtaine de secondes ou *like* une page *Facebook*. L'argent ainsi récolté est envoyé à l'une des associations en charge du projet.

C'est simple, rapide et ça aide à créer un meilleur monde… gratuitement !

Le saviez-vous ?

Chers dragueurs, à vos guitares !

La drague semble être une vaste et mystérieuse étendue pour bien des personnes... Mais, messieurs, vous êtes des chanceux : le ***WC Book*** va vous livrer un secret capital pour plaire à ces dames. Le tout, basé sur une étude scientifique, oui messieurs !

Des chercheurs de l'Université Bretagne-Sud ont effet prouvé qu'un ***homme devenait bien plus sexy*** aux yeux des femmes s'il avait une guitare. Pas de panique messieurs, apprendre à en jouer n'est pas obligatoire ! En effet, pour mener à bien son étude, le professeur en sciences du comportement Nicolas Guéguen a demandé à un jeune homme de 20 ans d'aborder 300 femmes de 18 à 22 ans.

L'approche était à chaque fois la même : ***il devait dire à chacune qu'elle était « vraiment jolie » et lui demander son numéro tout de suite après.*** Pour les 100 premières, il portait un étui à guitare. Pour les 100 suivantes, il avait un sac de sport. Pour les 100 dernières, il n'avait rien.

Quand il portait l'étui à guitare, il a récolté 31 numéros, contre 9 numéros lorsqu'il avait son sac de sport, et 14 quand il ne portait rien. Le résultat est sans appel : les femmes craquent toujours autant pour une sérénade !

Cette étude a été publiée dans la revue britannique ***Psychology of Music***.

LES STARS QUI ONT COHABITÉ AVANT DE DEVENIR CÉLÈBRES

Matt Damon et Ben Affleck

Marilyn Monroe et Shelley Winters

Michael Douglas et Danny DeVito

Jax Taylor et Channing Tatum

Owen Wilson et Wes Anderson

Tommy Lee Jones et Al Gore

Kiefer Sutherland et Robert Downey Jr.

Jude Law et Ewan McGregor

Source : *MinuteBuzz*

« MOI D'ABORD, MOI D'ABORD ! »

Si une fourmi doit traverser de l'eau, elle ne va pas tout faire pour protéger ses petits de la noyade.

NON, ELLE VA PLUTÔT S'EN SERVIR COMME D'UNE BOUÉE.

Pourquoi ? Tout simplement parce que la larve flottera mieux qu'elle, et qu'elle ne perdra pas de temps à la récupérer une fois de retour sur la terre ferme.

Pas de pitié dans le règne animal !

Les meilleurs tweets

Les vols Ryanair sont tellement low-cost, que ce sont les hôtesses qui te demandent un verre d'eau.

Je suis hyper fatiguée. C'est comme fatiguée, mais avec un caddie.

Aujourd'hui, ma copine a donné un nouveau nom à son orgasme : la MAAF.
« Je l'aurai un jour, je l'aurai… »

Si tu vois un dinosaure, arrête la drogue. Si tu n'en prends pas, cours vite !

J'espère qu'il dort mal avec tous ces morts qu'il doit avoir sur la conscience.
Mon concessionnaire auto vend des voitures à des femmes.

Humour

Anissia et Raph', Belges depuis des générations, ont décidé de faire plaisir à leur fille qui se marie prochainement avec un Russe. Ils emmènent donc toute leur petite famille dans le meilleur restaurant russe de Bruxelles.

Une fois sur place, ils commandent évidemment du caviar pour tout le monde.

Après une traditionnelle vodka, le caviar arrive avec beurre, citron, petits toasts et crème fraîche.

Mais les Belges ne touchent pas à leur plat.

Au bout d'un quart d'heure, le maître d'hôtel, inquiet, vient les voir :

– Puis-je faire quelque chose pour vous, messieurs dames ?

– Ben, nous amener des frites, une fois !

PARIS 1943

JEUX

MOTS CROISÉS

Horizontalement

A – Blâme
B – Aphrodite – Cri de bébé
C – Protubérance – Brad
D – Fourmi – Limoger
E – Agence Centrale du Renseignement – Composant essentiel d'un ordinateur
F – Club de Hockey – Doyen anglais – Marque
G – Venant du roi des vents – Flan breton
H – Lisses – Détruit
I – Signification – Administrés
J – Occultisme

Verticalement

1 – Radoteuse
2 – Smileys
3 – Envoya – Toile
4 – Subtilité – Ville belge
5 – Colère – Abeille anglaise
6 – Mississippi – Boris – Domaine internet grec
7 – Premier à mourir aux échecs – Pôle Emploi International
8 – Bourrés – Chaînes
9 – Révélée – Gynécée
10 – Tentée

	A	B	C	D	E	F	G	H	I	J
1										
2							■			
3						■				
4					■					
5				■					■	
6			■					■		
7							■			
8						■				
9					■					
10										

Le saviez-vous ?

Si aujourd'hui encore on place notre alliance à l'annulaire gauche, on le doit aux Grecs antiques. Pour eux, ce doigt était directement relié au cœur via la « veine de l'amour ».

Quel est l'équipement le plus important dans une chambre d'hôtel ?

C'est la question que le groupe d'hôtel *InterContinental* a posée à **10 000 personnes**.

En voici les résultats :

Pour **61 %** des sondés, le plus important est une connexion à Internet, devant la télévision pour **17 %**.

Pour **5 %** du panel, il est primordial d'avoir une baignoire dans sa chambre, un frigo pour **3 %** d'entre eux et un minibar pour **1 %**.

Éplucher des oignons sans pleurer

Pour ne plus pleurer en épluchant des oignons, vous pouvez vous munir de lunettes de piscine – peu sexy, mais très efficace.

Si vous souhaitez un minimum de crédibilité, vous pouvez aussi choisir

d'éplucher vos oignons sous un filet d'eau !

Et si jamais vous vous demandiez pourquoi l'épluchage de ces légumes déclenchait vos larmes, sachez que c'est scientifique.
En coupant le bulbe, le sulfoxyde et l'alliinase contenus dans l'oignon entrent en contact pour former un gaz très irritant : le sulfate d'allyle.
Pour soulager l'irritation des yeux, le corps fabrique des larmes.

Erreur fatale : les effets du sulfate d'allyle s'en voient décuplés !

Divorcés, soyez synchros !

Pour les parents divorcés ou séparés, il n'est **pas toujours évident d'organiser la vie de leurs enfants**, surtout si l'entente n'est plus vraiment cordiale et que la communication est réduite à son strict minimum. C'est là que l'application

2 Houses se révèle utile.

Elle va permettre aux deux parents d'inscrire sur un agenda commun toutes les activités de l'enfant, les rendez-vous à ne surtout pas manquer (sorties d'écoles, voyage scolaire, visite chez le médecin…), les dépenses de chacun pour leur progéniture commune, les coordonnées utiles à partager…

Bref, tout ce qui est essentiel au bien-être de votre enfant. Et vous pourrez même partager avec votre ex les photos de votre gosse qui s'éclate avec vous !

2 Houses – Disponible sur iPhone, iPod Touch et iPad - **Gratuit**

TOP 20 des meilleurs articles du Gorafi

20 - À la recherche de sa correspondance à Châtelet, il vit dans le métro depuis 17 ans.

19 - Syrie : la vidéo d'un rebelle forcé d'écouter du Garou suscite l'effroi.

18 - TF1 annule finalement "Dance with sharks" après la mort accidentelle de 12 participants.

17 - Manque de motivation, la 1re réunion des procrastinateurs de France n'aura pas lieu.

16 - Grâce à son dernier meeting, Jean-Luc Mélenchon obtient enfin son statut d'intermittent du spectacle.

15 - Scandale : le fils de Kate et William surpris entièrement nu à la sortie du ventre de sa mère.

14 - Les roux obtiennent le statut d'État observateur à l'Onu.

13 - Lyon : une jeune fille choquée après que son copain a raccroché le premier.

12 - "La Cité de la Peur" : 18 ans après, le mystère O. D. I et L. demeure.

LES TOPS DU WCB

11 - Felix Baumgartner va tenter la traversée de l'Île de France en solitaire et en RER B.

10 - Rémi Gaillard piège la France entière en créant le personnage de Nabilla.

9 - Trop souriant dans le métro, il finit en garde à vue.

8 - Enquête : avoir un proche qui souffre serait bénéfique pour votre moral.

7 - Fort Boyard : un candidat oublié dans la cellule d'une épreuve retrouvé 7 ans plus tard.

6 - Anne Roumanoff avoue avoir arrêté l'humour en 2006.

5 - Les tarifs des psys à l'origine de 81 % des guérisons.

4 - Il se lance le défi de vivre un an sans respirer et meurt violemment au bout d'1 minute 20.

3 - David Guetta avoue être sourd depuis l'âge de 20 ans.

2 - Accident : un comédien de Plus belle la vie se met à jouer correctement.

1 - Meurtre : il tue sa femme après avoir découvert son infidélité en envoyant COCU au 8 12 12.

Source : *L'Année du Gorafi, éditions Denoël*

Humour

Au zoo du parc de la Tête d'Or, à Lyon, les animaux discutent de leurs prochaines vacances :

– Hé, le lion, tu pars où, en vacances ?

- Comme j'ai une belle crinière, que mes frères ont une belle crinière, que mes enfants ont une belle crinière, et qu'on n'aime pas se faire remarquer, on va dans la Savane, là où il y a d'autres lions.

– Hé la girafe, tu pars où, en vacances ?

– Comme j'ai un long cou, que ma femme a un long cou, que mes enfants ont un grand cou, et qu'on n'aime pas se faire remarquer, on va en Afrique, là où il y a d'autres girafes.

– Hé le singe, tu pars où, en vacances ?

– Comme j'ai de longs bras agiles, que ma femme a de longs bras agiles, que mes enfants ont de longs bras agiles, et qu'on n'aime pas se faire remarquer, on va en Amazonie, là où il y a d'autres singes.

– Et toi, le caïman, tu pars où ?

- Comme j'ai une grande gueule, que ma femme a une grande gueule, que mes enfants ont une grande gueule, et qu'on n'aime pas se faire remarquer, je pense qu'on ira à Marseille !

Il faut moins d'une **SECONDE** pour se faire une idée sur son interlocuteur. En d'autres termes, il suffit de l'entendre dire « **BONJOUR** » pour savoir si l'on peut lui faire confiance, s'il est chaleureux ou dominant.

Le saviez-vous ?

Arletty n'a donné qu'un seul baiser de cinéma !

Aussi incroyable que ce soit, malgré son énorme succès, Arletty n'a donné qu'un seul baiser de cinéma !

C'était lors du tournage des *Enfants du Paradis*. Elle devait embrasser Jean-Louis Barrault, autre grand nom du cinéma français. **Problème : l'acteur était plus petit qu'elle**. On lui a proposé alors de monter sur des bottins pour résoudre la question (de taille !). Le temps de trouver l'installation parfaite, une heure trente se passe.

Au final, le baiser ne dure même pas 1 seconde dans le film !

CACAPHONIE

RÉGIME : VOUS ÊTES A, B, O… OU AB ?

Savez-vous que l'on peut maigrir en prenant en considération son groupe sanguin ? Ce régime est très spécifique et très efficace. Vous y trouverez forcément votre compte !

Voilà une diète sur mesure puisqu'elle se construit en fonction du groupe sanguin. Selon son créateur, le docteur Peter J. d'Adamo, chaque groupe sanguin nécessite des aliments bien particuliers.

Si une femme prend régulièrement des aliments non compatibles avec son groupe, elle perturbera son métabolisme. Il existe donc des risques pour qu'elle développe une maladie ou qu'elle prenne du poids malgré des restrictions.

QUELS SONT LES AVANTAGES ?

Efficace pour lutter contre certaines pathologies, comme le diabète, le cancer ou les maladies cardiovasculaires.
La perte de poids étant progressive, les kilogrammes ne sont pas repris aussitôt après la fin du régime.

LES ALIMENTS PERMIS

– Groupe sanguin A

Plutôt végétarien (fruits et légumes), escargots, merlan, perche, tofu et riz.

– Groupe sanguin O

Riche en protéines (bœuf maigre, agneau, mouton, poissons), fruits secs, légumes secs, noix.

– Groupe sanguin B

Équilibré (viandes, légumes, légumes secs, fruits, céréales, laitages, thé vert).

– Groupe sanguin AB

Très varié (agneau, dinde, lapin, escargots, huile d'olive, riz, ail, légumes et fruits).

ALIMENTS À LIMITER

– Groupe sanguin A

Sucres blancs raffinés, agneau, bœuf, canard, jambon, anchois, saumon fumé, beurre, lait, tomates.

– Groupe sanguin O

Jambon, porc, laitages, céréales (le blé en particulier), choux, café.

– Groupe sanguin B

Porc, poulet, fromage bleu, cacahuètes, noix de coco.

– Groupe sanguin AB

Porc, canard, banane, alcools.

MON COACH ZEN ET BIEN-ÊTRE
avec maviedefemme.com

VOTRE MENU GAGNANT

Journée minceur pour le groupe sanguin A

Petit déjeuner : soja, pamplemousse, café
Déjeuner : jus de carotte, salade de haricots noirs ou salade grecque, pain de seigle
Goûter : 2 prunes
Dîner : tofu, salade de chou, fraises

Journée minceur pour le groupe sanguin O

Petit déjeuner : pain de céréales germées, boisson de riz, figues et ananas
Déjeuner : bœuf haché, brocoli, riz brun
Goûter : quelques fruits secs ou noix
Dîner : saumon, salade d'épinards avec huile d'olive et jus de citron, pruneaux, thé vert

Journée minceur pour le groupe sanguin B

Petit déjeuner : œuf poché, tranche de pain complet, thé vert
Déjeuner : salade grecque, banane
Goûter : 1 fruit
Dîner : côte d'agneau grillée, légumes à la vapeur, yaourt

Journée minceur pour le groupe sanguin AB

Petit déjeuner : œuf poché et 1 tranche de pain, café ou thé vert
Déjeuner : dinde, pain de seigle, fruit
Goûter : yaourt
Dîner : omelette au tofu, salade de fruits frais

C'est en France que l'on compte le plus grand nombre d'élus. Nous avons

601 132 élus locaux et nationaux,

pour un peu plus de

65 millions de Français,

soit

1 élu

pour

108 habitants !

À titre de comparaison, aux États-Unis le taux de représentation est

4,5 fois inférieur

au nôtre... pour un pays qui compte

314 millions d'habitants !

Énigmes

Le petit Lucas vient de trouver un portefeuille sur le sol. À l'intérieur, il y découvre deux billets dont la somme correspond à 30 euros.

Sachant que l'un des deux billets n'est pas un billet de 10 euros, comment est-ce possible ?

Évidemment, nous sommes dans la réalité. Il n'existe donc que des billets de 5, 10, 20, 50, 100, 200 et 500 euros.

Réponse :

il est précisé que l'un des deux billets n'est pas un billet de 10 euros, mais il n'est rien dit à propos du second. Le premier billet est donc un billet de 20 euros, et le second de 10 euros.

Humour

Laurence a toujours rêvé de vivre de sa peinture. Au bout de longues années, elle finit par se faire exposer dans une galerie d'art. Au bout d'une semaine, elle se rend sur place pour savoir ce que le public pense de ses toiles. Le directeur l'accueille :

– Bonjour Laurence, j'ai une bonne et une mauvaise nouvelle pour vous...

Un investisseur est passé nous voir il y a deux jours pour savoir si vos œuvres prendraient de la valeur après votre mort…

– Et vous lui avez répondu quoi ?

– Qu'il n'y avait aucun doute à se faire là-dessus, vos toiles prendront énormément de valeur après votre disparition. L'investisseur a alors acheté comptant les 12 tableaux que nous exposions…

– Mais c'est parfait tout ça ! Je ne vois pas du tout où serait la mauvaise nouvelle là-dedans…

– Eh bien, sachez que ce fameux investisseur n'est autre que votre médecin !

METTRE UNE ÉTIQUETTE AVEC LE MOT « POUSSEZ » SUR LA PORTE DES TOILETTES, EST-CE UN PLÉONASME ?

**Si vous vous êtes déjà demandé pourquoi votre chat semblait s'intéresser à un élément invisible, sachez que son ouïe est tellement puissante qu'elle lui permet d'entendre jusqu'aux ultrasons !
Même un chien n'en est pas capable !**

Pourquoi dit-on...

LA MONTAGNE ACCOUCHE D'UNE SOURIS ?

Quand un projet est très décevant après une attente pleine d'espoirs, on peut utiliser l'expression « la montagne a accouché d'une souris ». Le contraste naît de la différence de taille entre la montagne et la souris, bien évidemment.

L'expression existe depuis l'Antiquité,
grâce à Horace qui a écrit :

« Comment tenir une promesse faite d'une voix si éclatante ? La montagne va accoucher d'une ridicule souris. »

Jean de La Fontaine remet cette phrase
au goût du jour en 1668, avec son poème
« La montagne qui accouche ».

3			2		8		5	7
	6						1	
					7	6		3
4			7		3	5	6	
5		6		9		7		8
	7	8	6		4			2
9		4	3					
	1						2	
7	5		9		1			6

Le champion jette avec puissance.

LE CHAMPION PÈTE AVEC JOUISSANCE.

QUAND LE COCA DEVIENT VOTRE MEILLEUR ALLIÉ... POUR LE MÉNAGE !

Le Coca est tellement acide qu'il peut nous aider dans bien des tâches domestiques ! Petit tour d'horizon des situations dans lesquelles il est très utile.

• ***UN BOULON ROUILLÉ VOUS RÉSISTE ?***
Faites-le tremper quelques heures dans un bain de Coca.

• ***VOUS AVEZ FAIT BRÛLER UN ALIMENT DANS UNE CASSEROLE ?***
Laissez votre huile de coude là où elle se trouve et contentez-vous de verser du Coca sur la zone problématique. Le lendemain matin, vous n'aurez plus qu'à rincer.

• ***VOTRE JARDIN EST INFESTÉ DE LIMACES ET AUTRES ESCARGOTS ?***
Déposez un récipient de Coca sur leur chemin. Ils trépasseront rapidement.

• ***VOUS ÊTES TOMBÉ SUR UNE VIEILLE PIÈCE DE MONNAIE QUI VOUS DÉPLAÎT FORTEMENT ?***
Rendez-lui sa jeunesse en la laissant tremper une nuit dans un verre de Coca.

Infidélité : TOP 11 des gestes à ne surtout pas faire... (ou alors très discrètement !)

L'infidélité est un souci pour la très grande majorité des gens. Mais où celle-ci commence-t-elle ? **Quels gestes relèvent de l'infidélité ?** Des scientifiques de l'Université du Michigan ont demandé à 456 étudiants de noter 27 comportements sur une échelle de 0 à 100. 0 signifiant l'absence d'infidélité, et 100 marquant le plus haut niveau de la tromperie amoureuse.

11 - Se faire un câlin pendant plus de 10 secondes (34,5 %)

10 - Partager des secrets (36,5 %)

9 - Sortir dîner (41,4 %)

8 - S'asseoir sur les genoux d'un(e) autre (52,2 %)

7 - Se donner la main (63,2 %)

6 - Dormir dans le même lit (68,4 %)

5 - Envoyer des textos érotiques (82,6 %)

4 - Envoyer un e-mail de soi-même, nu (88,2 %)

3 - S'embrasser sur la bouche (88,7 %)

2 - Pratiquer le sexe oral avec un(e) autre (96,8 %)

1 - Avoir une relation sexuelle avec un(e) autre (97,7 %)

Source : *Evolutionary Psychology*

Djump, moins cher et plus sympa qu'un taxi

Vous connaissez très certainement le covoiturage pour vous rendre d'une ville à une autre, mais **connaissez-vous le covoiturage dans Paris ?** Non ? Alors téléchargez rapidement

Djump !

Une fois géolocalisé, vous allez pouvoir contacter le conducteur le plus proche de vous. Et pas question de monter à l'arrière comme vous le feriez avec un taxi antipathique !

Avec **Djump**, le passager est fortement invité à monter à l'avant du véhicule pour discuter.

Un trajet qui passe bien plus vite et une addition réduite d'au moins 30 % par rapport à celle d'un taxi. **Pas de mauvaise surprise avec des frais d'approche bizarres ou de supplément parce que vous êtes quatre.** À la fin du trajet, l'application vous informe du don moyen estimé pour la distance parcourue. À vous de décider si vous souhaitez donner plus… ou moins !

Bref, une belle manière de se déplacer en ville en toute convivialité et sans avoir à faire fumer votre carte bleue ! **Un service disponible 7 jours/7 et 24 h/24.**

Bonus : si vous vous rendez à Bruxelles, n'hésitez pas à lancer l'application car elle existe également dans la capitale des Belges !

Djump – Disponible sur iPhone, iPod Touch, iPad et Android – **Gratuit**

Humour

Un couple joue au tennis sur un terrain très réputé, entouré de maisons très belles et très chères. Le mari dit à sa femme :

– Chérie, fais attention s'il te plaît… Si ta balle casse une vitre, cela va nous coûter une fortune.

Au bout de dix minutes d'échanges, la balle va évidemment casser la vitre la plus grande de la maison la plus luxueuse. Le mari est furieux. Après s'être disputé avec sa femme, ils vont tous les deux frapper à la porte de la maison.

– Entrez.

À l'intérieur, il y a du verre cassé partout et une bouteille cassée dans un coin. Un homme très bien habillé, assis dans un fauteuil, leur dit :

– C'est vous qui avez cassé la vitre ?

– Euh oui… Mais nous le regrettons déjà beaucoup vous savez… Désolés…

– Bon, je dois bien vous l'avouer : vous m'avez rendu un grand service. Je suis un génie et j'ai été enfermé dans cette bouteille pendant plus de 10 000 ans… Aussi, pour vous exprimer toute ma gratitude, je vais exécuter 3 vœux. Mais comme vous êtes deux, j'exécuterai un vœu pour chacun de vous et je garderai le troisième pour moi. D'accord ? Commençons par vous monsieur, que souhaitez-vous ?

– Je voudrais recevoir 10 000 dollars par jour.

– Eh bien, considère que c'est fait. Et toi ? demande-t-il à la femme.

– Hum… Je voudrais avoir une maison dans chaque pays du monde.

– Très bien. Tu recevras les clés de chacune de tes maisons demain. À moi… Comme je vous l'ai dit, j'ai été enfermé dans cette bouteille pendant 10 000 ans… Durant tout ce temps, je n'ai pas fait l'amour. Mon vœu est donc de faire l'amour avec ta femme, dit-il en s'adressant au mari.

– Euh… Pour 10 000 dollars quotidiens et toutes ces maisons, je crois qu'on peut accepter, non ?

- Moi, je suis d'accord.

Le génie s'éclipse avec l'épouse dans la chambre à coucher, ils font l'amour pendant trois heures. En redescendant les escaliers, il demande à l'épouse :

– Au fait, quel âge a ton mari ?

– 52 ans, pourquoi ?

– Parce que ça paraît incroyable qu'à 52 ans on puisse être encore assez con pour croire aux génies !

Le saviez-vous ?

Pourquoi le trèfle à quatre feuilles porte-t-il bonheur ?

Le trèfle à quatre feuilles est l'un des porte-bonheur les plus connus… Mais pourquoi avons-nous associé cette plante à la chance ?

La première explication se trouve tout simplement dans sa rareté. Les trèfles normaux ont trois feuilles. Seul 1 trèfle sur 10 000 compte 4 feuilles. Il faut donc être très chanceux pour en trouver un dans la nature !

La seconde raison provient d'une habitude populaire. Chaque feuille a une valeur symbolique : la première représente l'espoir, la deuxième la foi, la troisième l'amour et la quatrième la chance, évidemment !

La troisième remonte au temps d'Astérix et Obélix.
Les druides utilisaient des trèfles à quatre feuilles pour confondre et repousser les démons !

Des toilettes à 600 000 euros !

Kim Kardashian et Kanye West sont en pleine construction de leur villa à Bel-Air, un beau quartier de Los Angeles. Les jeunes parents, qui ne sont plus à une folie près, ont choisi de dépenser

600 000 euros...

pour leurs toilettes ! Le couple a en effet craqué pour des trônes plaqués or.

Tant qu'on y est, on peut également vous révéler qu'ils se sont fait plaisir sur leur frigo... incrusté de diamants ! Leur cuisine leur a donc coûté aussi cher que leurs petits coins.

UN OISEAU MIGRATEUR, EST-CE UN OISEAU QUI NE SE GRATTE QUE D'UN CÔTÉ ?

Ouvrez une canette de soda secouée en évitant toute projection !

Rien de plus désagréable que d'être arrosé de soda en ayant voulu ouvrir une canette. Pour

éviter ce désagrément de taille,

il suffit de mettre quelques pichenettes tout autour de la canette avant de l'ouvrir (oui, le même geste que lorsque vous jouiez aux billes plus jeune).

Ainsi, vous pourrez boire tranquillement votre soda !

Énigmes

Fabio s'apprête à quitter une soirée à pied. Il pleut à l'extérieur et Fabio n'a ni chapeau, ni capuche, ni parapluie. Son itinéraire n'est pas souterrain et ne comporte pas d'abri. Ses amis le mettent en garde : « Tu veux pas prendre un parapluie ? Tu vas avoir les cheveux trempés avec ce temps ! »

Fabio leur répond que c'est impossible et il ne ment pas. Comment est-ce possible ?

Réponse :
Fabio est chauve !

Le WEB du WCB

Parle à mon cul...

Vous en avez marre des sites de rencontres classiques, sur lesquels vous devez décrire votre emploi, vos hobbies et vos qualités ?

Que diriez-vous d'un site où l'on va droit à l'essentiel : le cul ?

Prometteur, n'est-ce pas ?

Parle à mon cul est un site au concept très simple : vous faites une photo de vos fesses et vous attendez de voir s'il plaît. Ne vous attendez pas à un simple like sur votre photo par contre... Ce sera plutôt une main aux fesses !

De toute façon, le site affiche directement sa cible sur sa page d'accueil avec le slogan :

« Du mal à plaire avec ta tête ? Alors séduis avec ton cul ! »

Si l'on dépliait toute la peau d'un Français de taille moyenne, on obtiendrait une « serviette » mesurant environ 2 m².

L'ENDROIT LE PLUS SECRET DE DISNEYLAND !

Saviez-vous qu'il existe un endroit secret où l'on peut légalement boire de l'alcool à Disneyland ? Il s'appelle le Club 33 et se trouve dans le parc de Los Angeles.

À L'INTÉRIEUR, ON Y BOIT DE TRÈS GRANDS CRUS ET L'ON MANGE AUSSI BIEN QUE DANS UN RESTAURANT ÉTOILÉ.

Interdit au public, seuls les membres peuvent y pénétrer… S'ils ont accepté de verser la somme annuelle d'environ 10 000 dollars !

Si cela ne vous a pas effrayé, sachez que, pour l'instant, la liste d'attente du Club 33 s'étend sur une quinzaine d'années !

Comment entretenir écologiquement votre barbecue

Avec l'été, on tombe tous d'accord sur un point : notre plat préféré est le barbecue ! Que l'on soit amateur de côtelettes, de brochettes, de légumes croquants, ou d'ailes de poulet, on se retrouve souvent bien démuni quand il s'agit d'allumer le feu ou de nettoyer la grille, une fois le repas terminé…

Pour faire partir votre barbecue, **arrêtez d'acheter des allume-feu chimiques** et pensez plutôt à conserver vos bouchons de liège tout au long de l'année. Mettez-les dans un récipient fermé dans lequel vous aurez versé une bonne quantité d'alcool à brûler. Une fois le grand jour arrivé, il ne vous restera plus qu'à allumer l'un de ces bouchons pour faire partir votre feu !

LE DISTRAIT

Le saviez-vous ?

Une fois le repas terminé, c'est l'heure du pénible nettoyage… On passe alors des heures à briquer cette satanée grille dans le vain espoir de la faire briller… Mais ça, c'était avant ! Désormais, lorsqu'il s'agira de la nettoyer, **munissez-vous d'un oignon coupé en deux** et frottez la grille avec celui-ci. Vous gagnerez en temps et en efficacité.

Si vous manquez d'huile de coude, vous pouvez également attendre votre prochain barbecue pour faire disparaître les graisses. Lorsque vous obtiendrez de belles flammes, posez votre grille sur celles-ci. **Le feu va se charger tout seul du nettoyage !**

Dernière astuce : on sale sa côtelette après la cuisson pour éviter qu'elle sèche et qu'elle perde son goût !

Attention, ces durs sont avocats !

ATTENTION, CES DARDS SONT À VOS CULS !

Nos bonnes Applis

La mise en page pour les nuls

La mise en page est souvent un fardeau pour le commun des mortels. Alors lorsqu'il s'agit de créer des flyers ou des posters lors d'occasions spéciales, on se sent souvent bien démuni… Mais ça, c'était avant ! Aujourd'hui, il existe l'application

Phoster

qui permet de réaliser ce type de document très facilement. Pour chacune de vos œuvres,

vous pourrez ajouter des filtres à vos photos, du texte sur l'image et avoir un rendu allant jusqu'à 1 448 pixels x 2 048 pixels :

suffisant pour éditer des posters !

Et, bien sûr, vous pourrez partager vos créations sur les réseaux sociaux habituels.

Phoster - Disponible sur iPhone, iPod Touch et iPad - **1,79 €**

Humour

Mimi retrouve sa vieille amie Marie-France dans un troquet, après dix ans sans se voir. Celle-ci lui demande alors :

- Mais tu fumes, toi ?

– Ben oui, comme tu le vois…

– Ah… Et tu fumes combien de paquets par jour ?

– Environ 3.

– Et un paquet te coûte combien ?

– 7,30 euros.

– Ça fait longtemps que tu fumes ?

– Environ une vingtaine d'années…

– Si tu fumes 3 paquets par jour, ça t'en fait environ 21 900 cigarettes par an. À 7,30 euros le paquet, ça fait environ 7 993,50 euros par an. C'est bien ça ?

– Oui.

- Si on arrondit tout ça sans tenir compte des changements de prix, ça fait 159 870 euros en 20 ans.

– Euh oui… Et alors ?

– Alors si tu ne fumais pas et que tu avais mis cet argent de côté, aujourd'hui tu roulerais en Porsche !

– Peut-être, en effet… Et toi, tu fumes ?

– Jamais de la vie !

– Elle est où ta Porsche alors ?!?!

Le saviez-vous ?

Ça y est! On sait à quoi servent les rayures des zèbres!

Depuis de longues années, les biologistes du monde entier se cassent les dents sur un problème épineux: à quoi peuvent bien servir les rayures du zèbre?

Des chercheurs de l'université de Queensland, en Australie, ont enfin réussi à répondre à cette question: les rayures de l'animal auraient pour but de ***produire un effet d'optique afin de se protéger des prédateurs***. En effet, lorsqu'ils sont en mouvement, leur robe produit le même effet visuel que lorsque l'on regarde les jantes d'une voiture en mouvement: on a l'impression que les roues tournent en sens inverse. Une impression décuplée lorsque les animaux sont regroupés en troupeau.

Le docteur How, responsable de cette étude, a d'ailleurs expliqué: « Nous estimons que cette illusion trompe les prédateurs sur la direction du mouvement du zèbre. Ce qui conduit les insectes à abandonner leur atterrissage ou les prédateurs à mal calculer le moment où il est le plus judicieux d'attaquer. »

Source: le magazine scientifique *Zoologie*

Top 15 des phobies les plus bizarres

15 - la **sidérodromophobie**, ou la phobie de voyager en train.

14 - la **nomophobie**, ou la phobie d'être séparé de son téléphone portable.

13 - **l'halitophobie**, ou la phobie perpétuelle d'avoir mauvaise haleine.

12 - la **musicophobie**, ou la phobie de la musique.

11 - **l'hulophobie**, ou la phobie de la forêt.

10 - la **cypridophobie**, ou la phobie des prostituées.

9 - la **trichophobie**, ou la phobie des cheveux.

8 - la **cachophobie**, ou la phobie de rire.

7 - la **climacophobie**, ou la phobie de prendre les escaliers.

6 - la **carminophobie**, ou la phobie du pet.

5 - l'**héliophobie**, ou la phobie du soleil.

4 - la **domophobie**, ou la phobie des maisons.

3 - la **pédiophobie**, ou la phobie des poupées.

2 - la **carpophobie**, ou la phobie des fruits.

1 - la **coprophobie**, ou la phobie des excréments.

Trucs et Astuces

Comment bien entretenir son frigo

Un frigo doit être nettoyé minimum toutes les deux semaines

Le plus simple est d'attendre la fin de semaine, quand votre réfrigérateur est quasiment vide. Sortez tout ce qu'il y a à l'intérieur pour le nettoyer au mieux.

Un frigo ne se nettoie pas avec de la Javel

Contrairement aux idées reçues, nettoyer son frigo avec de la Javel ne permet pas d'éradiquer les bactéries... Au contraire, la Javel va permettre à ces dernières de se développer pour mieux résister au froid !

Le vinaigre blanc est votre meilleur allié

Pour un nettoyage efficace, mélangez 15 cl de vinaigre à autant d'eau. Frottez avec une éponge, puis séchez avec un chiffon propre. Inutile de rincer. Évidemment, on part du haut pour ne pas salir une zone déjà lavée.

On dégivre son frigo tous les trois mois

Le givre empêche le bon refroidissement du frigo. Sachez que **5 cm de glace vont multiplier par trois la consommation d'électricité** de l'appareil !

On pense au condenseur

Au moins deux fois par an, il faut nettoyer le condenseur (ndlr : la grille posée à l'arrière de votre frigo). Il suffit de passer un coup d'aspirateur pour enlever la poussière qui s'y accumule et ralentit

l'évacuation de la chaleur, donc augmente votre facture d'électricité !

Chaque chose à sa place

Généralement, la zone la plus froide du frigo est celle située tout en haut. On y place les viandes et poissons crus, les produits frais entamés et les fromages frais au lait crû. Au centre, on place les yaourts, les viandes et poissons cuits et les fromages faits. Dans le bac à légumes, on met évidemment ses fruits et légumes, ainsi que ses fromages en cours d'affinage. Enfin, on range dans la porte les boissons, les œufs, le beurre et les bocaux.

On organise les éléments selon leur date de péremption

Pour éviter les mauvaises surprises et devoir jeter de la nourriture, pensez à bien regarder les étiquettes avec les dates limites de consommation. Positionnez à l'avant les produits ayant besoin d'être consommés le plus rapidement.

On pense à changer les joints régulièrement

Un frigo qui n'est plus imperméable devient un frigo qui coûte très cher. En effet, il va inlassablement tenter de faire baisser la température alors que ce sera peine perdue ! Pour savoir si votre joint est toujours efficace, placez une feuille de papier sur le joint. Fermez la porte. Tirer doucement sur la feuille. Si la feuille vient sans aucune résistance, vous savez ce qu'il vous reste à faire !

On ne met rien de tiède dans son frigo

Si vous devez mettre votre reste de hachis parmentier au frigo, attendez que le plat ait refroidi avant de le faire. Vous éviterez ainsi d'abîmer votre appareil.

To Do or not to do ?

Une ***ToDo list*** est une liste des choses que nous avons à faire. Que ce soit des courses, des projets professionnels à terminer ou tout simplement ce qu'il vous reste à préparer pour l'anniversaire de l'élu de votre cœur, **on en a tous besoin.**

L'application

ToDo

vous permettra de dresser autant de listes que nécessaire, avec autant d'entrées que vous le désirerez. Vous pourrez également mettre en place des alertes, des taches récurrentes, un aperçu du calendrier complet, ajouter des sous-tâches et y intégrer vos contacts.

ToDo – Disponible sur iPhone, iPod Touch et iPad – **4,49 €**

La Chine compte

1,37 milliard d'habitants.

85 % d'entre eux se partagent

100 noms de famille.

3 noms sont particulièrement populaires :

- les Wang, avec **93 millions de personnes** le portant,
- les Li, avec **92 millions d'habitants** se nommant ainsi,
- les Zhang et ses **88 millions de Chinois**.

Humour

Connaissez-vous la différence entre **Karim Benzema** et un **hématome**?

Un hématome est un bleu qui marque !

Les meilleurs tweets

Simone se faisait la tête et ne se parlait plus depuis des jours. Elle faisait semblant de ne pas exister.
En bref, Simone s'ignorait.

Tout serait tellement plus propre si on mettait des serpillières au bout des cannes des aveugles.

Vous savez, si on met nos enfants en fond d'écran sur notre téléphone, c'est surtout pour ne pas se tromper quand on va les chercher à l'école.

Oui, bonjour, c'est l'école. Votre fils est malade. – Qu'est-ce que vous voulez que j'y fasse ? Chacun ses problèmes.

Mais tout à fait ! Je suis pour l'État nazi !
– L'euthanasie, madame Le Pen. L'euthanasie.

UN RAT MORT CONTRE UNE BIÈRE !

« UN RAT, UNE BIÈRE ».

Tel est le nom d'une opération de la Victoria University de Wellington, en Nouvelle-Zélande. Le Dr Gareth Morgan lutte depuis quelques années contre les rats de la ville. En 2014, il souhaitait motiver ses étudiants à le rejoindre dans sa lutte. Il s'est demandé comment les attirer et s'est logiquement dit qu'ils ne refuseraient pas une bière. L'opération était lancée !

Chaque étudiant du département d'écologie de l'université s'est vu remettre une centaine de pièges à rats.

À CHAQUE ANIMAL RAMENÉ, L'UNIVERSITAIRE GAGNAIT UN BON POUR UNE BIÈRE AU BAR DE SON ÉCOLE.

Les rats morts ont été congelés pour être utilisés plus tard, dans le cadre des recherches des doctorants.

Le Var

est le seul département français à porter le nom d'une rivière qui ne le traverse nulle part ! En effet, cette dernière a été annexée aux Alpes-Maritimes le 15 juin 1860.

CINÉMA : LES REFUS DE RÔLES LES PLUS DINGUES !

Will Smith n'a pas voulu devenir Neo

Lorsque les frères (devenus frère et sœur…) Wachowki terminent le scénario de *Matrix*, ils l'envoient directement à Will Smith… qui refuse le rôle, jugeant l'histoire bien trop compliquée. Une décision qu'il regrette aujourd'hui encore !

Kim Basinger a refusé *Basic Instinct*

Trouvant le rôle de Catherine Tramell trop sexy pour elle, elle a préféré le laisser à Sharon Stone. Avant elle, le rôle avait également été proposé à Meg Ryan et Julia Roberts…

Matt Damon a dit non au plus grand succès commercial du cinéma !

Et oui, l'acteur a refusé le rôle de Jake Sully dans *Avatar* !

Mark Wahlberg ne veut pas chevaucher à Brokeback Mountain

Il a pourtant été le premier acteur à qui Ang Lee a envoyé le scénario du *Secret de Brokeback Mountain*, en lui laissant le choix d'incarner l'un ou l'autre des deux cow-boys. Mark n'a jamais aimé tourner nu, et la perspective de le faire avec un autre homme a fini par le convaincre de refuser ce rôle.

Robert de Niro devait jouer dans *Titanic*

Le rôle du capitaine Smith lui était destiné… jusqu'à ce que peu avant le tournage, une terrible gastro-entérite l'oblige à revenir sur son engagement.

Juliette Binoche n'aime vraiment pas Steven Spielberg

Le célèbre cinéaste lui a proposé trois grands films : *Indiana Jones et la dernière croisade*, *La liste de Schindler* et *Jurassic Park*. Elle les a tous refusés en bloc, arguant que Spielberg était « un cinéaste d'hommes et de dinosaures, mais pas de femmes » !

PEOPLERIES

Tom Selleck n'a pas voulu devenir Indiana Jones

Il ne voulait pas quitter la série à succès *Magnum*, et ne croyait pas du tout en *Les Aventuriers de l'Arche perdue*!

Al Pacino n'a pas voulu jouer dans *Pretty Woman*

L'acteur, trouvant la comédie très mal écrite, n'a pas voulu incarner le rôle d'Edward Lewis… que Richard Gere s'est empressé d'accepter.

Reese Witherspoon n'a pas voulu de *Scream*…

Quand Wes Craven lui propose le premier rôle de *Scream*, Reese Witherspoon l'a refusé, pensant qu'il finirait classé en série B…

… et *Fight Club*!

Décidément, on ne peut pas dire que l'actrice ait fait les meilleurs choix du monde! Elle a refusé le rôle de Marla, finalement joué par Helena Bonham Carter, qu'elle trouvait « trop noir ».

Sean Connery n'a pas voulu devenir Gandalf

Après l'avoir envoyée à l'acteur, Peter Jackson a vu sa trilogie du *Seigneur des Anneaux* revenir avec la mention: « Ça a l'air très bien, mais je n'ai rien compris. Ce sera donc non! » Sympa …

Jean Reno a décliné *Inglorious Basterds*

Souvenez-vous des premières scènes du film, celles pendant lesquelles la Gestapo cherche des juifs cachés chez un paysan français... Quentin Tarantino voulait que ce second rôle soit joué par Jean Reno. L'acteur a refusé, jugeant le personnage trop caricatural et trop peu valorisant pour lui. Tant pis...

Coluche a dit non à *Manon des Sources*

Claude Berri lui avait proposé le rôle d'Ugolin, mais l'acteur a trouvé le montant du cachet trop faible.

Mel Gibson n'a pas voulu endosser le costume de Batman

Quand Tim Burton a voulu adapter la bande dessinée, Mel Gisbon a refusé de jouer pour lui, en pensant que ce film ne rencontrerait jamais le succès...

Jean Dujardin n'a pas voulu devenir Ch'ti

Et il n'est pas le seul à avoir refusé l'offre de Dany Boon ! Avant lui, José Garcia et Daniel Auteuil en avaient fait de même.

PEOPLERIES

John Travolta a refusé un film qui allait gagner 6 Oscars !

Il pensait que *Forrest Gump* ne toucherait pas grand monde… Bien mal lui en a pris !

Sandra Bullock a refusé *Million Dollar Baby*

Ayant déjà accepté de jouer dans *Miss FBI: divinement armée*, elle n'a pas pu jouer pour Clint Eastwood.

Denzel Washington a décliné *Seven*

Trouvant le scénario trop noir, il n'a pas souhaité jouer pour David Fincher.

Nicole Kidman n'a pas voulu jouer dans *The Reader*.

Alors qu'elle devait jouer le rôle principal, l'actrice est tombée enceinte, et l'a finalement refusé. Tant mieux pour Kate Winslet qui a pu recevoir un Oscar grâce à lui !

Lino Ventura a refusé *Le Vieux Fusil*

Ventura a refusé le rôle proposé à Philippe Noiret, car il trouvait le scénario « trop violent ».

WC BOUC

COCORICO !

C'est grâce aux urbanistes français, que toutes les plaques d'égout du monde sont rondes. Ce sont eux qui ont trouvé cette forme ayant la particularité de ne jamais tomber dans la bouche.

Humour

Charline et Bruno viennent passer leur nuit de noces à l'hôtel. **Comme le veut la tradition, le marié porte sa femme dans ses bras.**

À la réception, l'hôtesse a l'air bien ennuyée :

– Je dois vous dire… votre chambre est au 41e étage et l'ascenseur est en panne…

– Ça ne fait rien, dit Bruno. Je la porterai jusqu'en haut !

Et les deux amoureux commencent leur ascension.

Au 1er étage, Charline lui susurre :

– Chéri, j'ai quelque chose à te dire…

– Tu me le diras après, fais-moi plutôt un bisou d'encouragement !

Au 2e étage, elle recommence :

– Chéri, il faut vraiment que je dise quelque chose…

– Oh… Je préfère un bisou ! Ça va me redonner des forces !

Et ainsi de suite jusqu'au 40e étage. Bruno finit alors par céder :

– Qu'as-tu de si important à me dire, mon amour ?

– Euh… J'ai oublié la clef en bas, à la réception…

Le WEB du WCB

Que vous ayez trouvé le partenaire de votre vie ou non, vous allez certainement aimer ce site de rencontres quelque peu particulier. Après vous avoir posé quelques questions pour mieux vous cerner,

My Book Affinity va vous dévoiler LE livre qui est fait pour vous !

Très utile quand la bibliothécaire du quartier n'est pas assez aimable pour que vous osiez lui demander le moindre conseil en matière de lecture.

www.mybooxaffinity.fr

Pourquoi dit-on...

Si l'on s'apprête à vous passer un savon, vous pouvez choisir de quitter les lieux au plus vite... Car oui, vous allez vous faire réprimander sévèrement ! Deux versions existent pour expliquer l'origine de cette expression.

La première voudrait que cette expression soit née à l'Antiquité, époque à laquelle ***les gens se lavaient la tête en la plongeant sous l'eau pour faire disparaître les fautes commises*** – à l'image du prêtre qui fait couler de l'eau sur le front de celui qu'il baptise, aujourd'hui encore.

La seconde fait référence aux lavandières, ces femmes chargées de se rendre au lavoir pour nettoyer le linge. Pour mener à bien leur mission, elles utilisaient un battoir, un élément en bois dont elles frappaient leurs draps pour les nettoyer. Elles faisaient preuve de tellement d'énergie que leurs gestes ont été assimilés à de la violence.

Ce qui aurait donné naissance à l'expression « passer un savon ».

Le mathématicien s'intéresse aux chiffres débiles.

LE MATHÉMATICIEN S'INTÉRESSE AUX CHIBRES DES FILLES.

Concerts : entrées facilitées

Aujourd'hui, lorsque l'on désire se rendre à un événement culturel, la plupart d'entre nous utilisent le Net pour acheter des billets. Mais le souci, c'est qu'il faut se déplacer pour aller les récupérer ou payer un coût supplémentaire si on veut imprimer les places à la maison.

Avec

Digitick,

on paie de manière sécurisée et **on obtient un billet électronique qu'il ne reste plus qu'à présenter à l'entrée.**
En synchronisant l'application avec votre bibliothèque musicale, cette dernière vous dévoilera l'actualité de vos artistes préférés.

Digitick – Disponible sur iPhone, iPod Touch et iPad – **Gratuit**

CEUX QUI ME DISENT
QUE, NÉ DANS
LA POUSSIÈRE,
JE REDEVIENDRAI
POUSSIÈRE, NE
DEVRAIENT-ILS PAS
D'ABORD BALAYER
DEVANT LEUR
PORTE ?

Nous sommes à la fin du XVIIIe siècle. Vous êtes condamné à mort. Le bourreau étant votre voisin, il décide, exceptionnellement de vous faire une faveur : « Ta dernière déclaration déterminera la façon dont je t'ôterai la vie. Si ton affirmation est vraie, tu seras décapité. Si elle est fausse, tu périras sur le bûcher. Alors ? »

Grâce à votre phrase, vous allez avoir la vie sauve. Qu'avez-vous dit ?

Réponse :

vous avez dit : « *Je vais passer sur le bûcher* ». Le bourreau est alors face à un dilemme : s'il vous mettait effectivement sur le bûcher, alors votre affirmation serait vraie et il devrait vous décapiter. Mais s'il vous décapitait, votre phrase serait fausse, et vous devriez passer sur le bûcher.

Le bourreau, ne réussissant pas à se décider, décide de vous laisser la vie sauve.

UN
cadre sur
TROIS
avoue avoir déjà profité
d'une réunion pour
faire la **SIESTE** !

Saviez-vous qu'allumer trois cigarettes avec la même flamme portait malheur ?

Les plus jeunes d'entre vous ne connaissent sûrement pas cette superstition, pourtant fort répandue il y a encore quelques années… Il était alors impensable d'allumer trois cigarettes avec la même flamme, qu'elle provienne d'une allumette ou d'un briquet !

Cette superstition est née lors de la Première Guerre mondiale. Lors de la guerre des tranchées, les soldats de garde devaient rester éveillés malgré le peu d'action de leurs nuits. Ils avaient alors tendance à enchaîner les cigarettes… Mais prenaient garde à ne pas en allumer trois de suite. Pourquoi ? Parce qu'à la **première** cigarette allumée, l'ennemi pouvait repérer le fumeur. À la **deuxième** cigarette, il pouvait viser correctement. Et la **troisième** cigarette lui laissait le temps de tirer !

La France très bénévole...

La France est au **6e rang** des nations comptant le plus de bénévoles, avec un total de **14 %** de sa population adulte pratiquant le bénévolat.

La Suède est en tête avec **52 %** de bénévoles, suivie par le Royaume-Uni, **30 %**.

En bas du tableau, on retrouve le Maroc, avec **4 %** de bénévoles, l'Inde à **2 %** et le Japon avec son minuscule **1 %** !

Source : *Cabinet Deloitte*

C'est l'histoire de Charles qui demande à son fils :

– Tu connais la différence entre le pouce et le majeur ?

– Euh... Je vois pas...
– Ben, essaie juste de faire du stop avec le majeur... !

JEUX

MOTS MÊLÉS

Spécial geek

Saurez-vous retrouver chacun des mots cachés dans ce tableau? Les mots peuvent être écrits horizontalement, verticalement et à l'envers.

Mots à trouver:

1) FOLLOWERS
2) RETWEETER
3) FOLLOWER
4) HEADSHOT
5) LANPARTY
6) SPOILER
7) TRAILER
8) GODWIN
9) HACKER
10) NEWBIE
11) NOLIFE
12) POWAAA
13) LIKER
14) POKER
15) REGIS
16) STUFF
17) TOPIC
18) TROLL
19) DATA
20) FAIL
21) FAKE
22) GEEK
23) NERD
24) NOOB
25) IRL
26) LOL
27) WOW
28) WTF

JEUX

T	F	D	S	Q	U	U	W	Z	J	R	E	G	I	S	P	G	F
R	O	D	W	B	J	L	L	A	N	P	A	R	T	Y	O	O	W
A	L	T	L	I	R	L	K	F	A	I	L	D	R	U	K	D	O
I	L	O	H	H	M	R	F	Q	V	V	N	E	R	D	E	W	F
L	O	P	E	J	S	N	I	M	R	S	T	U	F	F	R	I	R
E	W	I	A	X	P	T	R	E	T	W	E	E	T	E	R	N	A
R	E	C	D	K	O	R	T	L	B	I	B	N	O	Q	R	X	T
I	R	D	S	L	I	U	M	O	G	N	M	D	I	M	K	E	Y
L	C	O	H	R	L	Z	P	L	T	K	I	F	I	N	M	N	F
L	U	C	O	P	E	F	A	K	E	O	A	Y	S	K	K	J	V
I	G	S	T	I	R	T	D	C	N	E	W	B	I	E	D	P	N
K	T	W	W	E	Q	Y	V	B	C	J	G	Y	H	N	M	O	B
E	C	F	T	U	G	N	E	R	D	G	E	E	K	O	S	W	D
R	C	K	F	Z	E	N	S	T	R	O	L	L	N	O	M	A	F
B	T	L	P	I	X	E	X	F	C	H	U	A	N	B	Z	A	J
T	C	D	H	A	C	K	E	R	J	P	J	B	N	N	N	A	B
L	E	Q	P	J	F	O	L	L	O	W	E	R	S	B	K	L	N
T	X	W	O	W	G	D	A	T	A	N	O	L	I	F	E	N	W

COMMENT LE SOLDAT INCONNU A-T-IL ÉTÉ CHOISI ?

Tout le monde connaît le Soldat inconnu, sans le connaître réellement. Une chose est sûre cependant, en lisant ces quelques lignes, vous saurez comment il a été choisi.

LE 10 NOVEMBRE 1920, HUIT CERCUEILS SONT ALIGNÉS.

Chacun provient de l'une des huit zones de guerre les plus meurtrières de la Première Guerre mondiale et renferme le corps d'un militaire non identifié.

LE SOLDAT AUGUSTE THIN EST CHOISI POUR DÉTERMINER QUEL CERCUEIL REPOSERA SOUS L'ARC DE TRIOMPHE.

Il a 21 ans et occupe le rang de 2e classe. Pour faire son choix, il décide d'additionner les chiffres de son régiment d'infanterie. Appartenant au 132e RI, il obtient le chiffre 6, et retient donc le 6e cercueil.

Depuis, le Soldat inconnu repose sous l'Arc de triomphe parisien. La flamme éternelle qui s'y trouve brûle depuis 1923.

Les 5 personnalités les plus suivies sur Twitter

5 – **Taylor Swift**, avec 34,9 millions de followers

4 – **Barack Obama**, avec 37,6 millions de followers

3 – **Lady Gaga**, avec 40,3 millions de followers

2 – **Katy Perry**, avec 44,2 millions de followers

1 – **Justin Bieber**, avec 45,4 millions de followers

Bonus :

le tweet le plus célèbre est l'œuvre de Barack Obama.

Il a été retwitté plus de 800 000 fois et annonçait la réélection du Président américain en trois mots : « Four more years. » Classe !

Le temps perdu ne se rattrape plus

Malgré toute votre bonne volonté, vous n'arrivez jamais à atteindre vos objectifs fixés en début de journée.

Vous savez que vous perdez du temps, mais impossible de savoir comment...

Rendez-vous sur le site de ***RescueTime***. Vous allez télécharger une petite application qui va tourner toute la journée sur votre ordinateur. Vous pourrez ainsi savoir sur quels sites et autres logiciels, vous passez trop de temps. Vous pourrez même les bloquer pour éviter toute distraction et vous concentrer sur les tâches à accomplir ! Vous pourrez également vous installer des alertes qui s'activeront lorsque vous passerez trop de temps sur un site.

Bref, un bel outil pour gagner en efficacité !

www.rescuetime.com

Le 1er janvier 1900 était un lundi.

Le 1er janvier 2000, un samedi.

Humour

Yolande, 78 ans, est sur le point de mourir. Elle demande à son mari d'aller chercher une boîte cachée dans son armoire. René s'exécute.

– Tu peux l'ouvrir…

René découvre alors 2 œufs et 10 000 euros.

– C'est quoi, ces 2 œufs ?

– Depuis que nous sommes mariés, j'ai mis un œuf dans cette boîte à chaque fois que tu ne m'as pas fait jouir.

– Magnifique ! En 60 ans de mariage, il n'y a que deux fois où je ne t'ai pas fait jouir. Mais… c'est quoi ces 10 000 euros ?

– Chaque fois que j'avais une douzaine d'oeufs, j'allais les vendre au marché.

Trucs et Astuces

Comment soulager un coup de soleil

S'il y a bien un mal qui nous empoisonne la vie en vacances, c'est bien le coup de soleil ! Pour vous soulager, voici quelques trucs et astuces pour lesquels vous devriez rapidement nous remercier !

– Déposez une rondelle de *tomate mûre* sur votre coup de soleil pour calmer la douleur.

– Pour atténuer la sensation de brûlure, étalez un *yaourt nature* sur votre coup de soleil. Laissez poser une vingtaine de minutes avant de le retirer à l'eau froide.

– Appliquez de l'*alcool à 90°* directement sur le coup de soleil. Non seulement, il ne sera plus douloureux, mais en plus vous éviterez tout risque de cloque disgracieuse.

– Pour que votre coup de soleil disparaisse plus rapidement, n'hésitez pas à vous enduire de *vinaigre* (blanc de préférence).

Nos bonnes Applis

« L'enfer c'est les autres »

Vous en avez assez que l'on sache en permanence où vous êtes ? Vous aspirez à un peu de tranquillité loin de tous ? Alors, il vous faut télécharger l'application

Hell is other People !

Le principe est très simple : en se basant sur les infos *Foursquare* de vos amis (soit celles qui permettent leur localisation), **Hell is other people vous recommande les endroits où vous pouvez vous rendre en étant sûr de ne croiser aucune de vos connaissances...** Pourvu qu'elles soient toutes sur le réseau *Foursquare*, évidemment !

Hell is other People
– Disponible sur votre compte *Foursquare*

CONSTIPATION 2

LE TOP 10 DES VILLES LES PLUS HONNÊTES DU MONDE

Le magazine Reader's Digest s'est attaqué à une question de taille : quelles sont les villes les plus honnêtes du monde ? (Et par conséquent, quelles sont les moins honnêtes également…).

Pour mener à bien cette mission, ils ont envoyé leurs journalistes dans 16 métropoles. Ces derniers ont **VOLONTAIREMENT « OUBLIÉ » LEUR PORTEFEUILLE UN PEU PARTOUT DANS LE MONDE**, pour observer la réaction des passants. L'opération a été répétée 12 fois par ville. À chaque fois, le portefeuille renfermait une photo, des papiers d'identité, des cartes de visite, 50 dollars, ainsi que le nom et le numéro de téléphone du propriétaire de l'objet.

Alors, qui a rapidement rendu l'objet et qui l'a discrètement mis dans sa propre poche ?

10. ***LISBONNE*** (Portugal),
avec un seul portefeuille rendu.

9. ***MADRID*** (Espagne),
avec 2 portefeuilles rendus.

8. ***PRAGUE*** (République tchèque),
avec 3 portefeuilles rendus.

7. ex æquo : ***ZURICH*** (Suisse),
RIO DE JANEIRO (Brésil) et ***BUCAREST***
(Roumanie), avec 4 portefeuilles rendus.

6. ex æquo : ***VARSOVIE*** (Pologne) et ***LONDRES***
(Royaume-Uni), avec 5 portefeuilles rendus.

5. ex æquo : ***LJUBLJANA*** (Slovénie) et
BERLIN (Allemagne), avec 6 portefeuilles rendus.

4. ex æquo : ***AMSTERDAM*** (Pays-Bas) et
MOSCOU (Russie), avec 7 portefeuilles rendus.

3. ex æquo : ***NEW YORK*** (États-Unis) et
BUDAPEST (Hongrie), avec 8 portefeuilles rendus.

2. ***BOMBAY*** (Inde), avec 9 portefeuilles rendus.

1. ***HELSINKI*** (Finlande),
avec 11 portefeuilles rendus.

Cette agitation de novembre accroîtra encore notre malheur.

CETTE AGITATION DE NOS MEMBRES ACCROÎTRA ENCORE NOTRE VALEUR.

C'est à J-59 que l'on fait les meilleures affaires !

Quand on prévoit un voyage, que l'on décide d'aller très loin ou non, le transport est un poste de dépense souvent très important. Raison de plus pour s'en occuper à l'avance ! Pour vous aider à planifier au mieux votre escapade, sachez que **l'échéance parfaite pour réserver ses billets d'avion se situe à J-59.**

L'info provient du comparateur de vols *Momondo* qui a analysé de nombreux trajets depuis la capitale vers une dizaine de destinations à l'étranger, mais aussi vers des villes françaises.

Pour finir, sachez qu'en réservant 59 jours avant votre départ, **vous économiserez entre 29 et 63 % du prix initial !**

1		8		7	6	3	5	
	2					1	6	
3	4		8		5			
4					9	8	1	
8								5
	1	5	4					6
			9		8		7	3
	7	4					8	
	8	3	1	4		5		9

- Quelle est la différence entre l'ignorance et l'apathie?
- Je sais pas et je m'en fous!

CES STARS DE LA MÊME FAMILLE...

Patrick Bruel est le cousin d'Élie Semoun.

Chiara Mastroianni est la fille de Catherine Deneuve.

Audrey et Alexandra Lamy sont bien sœurs.

Richard Berry est l'oncle de Marilou Berry.

Laura Smet est la fille de Johnny Hallyday et de Nathalie Baye.

Francis Ford Coppola est l'oncle de Nicolas Cage.

Lolita Chammah est la fille d'Isabelle Huppert.

Luc Besson est le beau-frère de Vincent Perez.

Virginie Ledoyen est la belle-sœur de Gad Elmaleh, depuis qu'elle est en couple avec son frère, Arié Elmaleh.

CLAUDE FRANÇOIS N'ÉTAIT-IL PAS MEILLEUR CONDUCTEUR QUE SACHA DISTEL ?

Très utile en pâtisserie, il est régulièrement associé au printemps, mais l'on peut également plonger à l'intérieur.

Qui est-ce ?

Réponse :
le rouleau.

Le WEB du WCB

Le roi de la capote

Il y a un problème dont on parle trop peu au quotidien : les préservatifs. Trop serrés, allergisants, trop fragiles… ***Pas toujours simple de trouver préservatif à son pénis.*** Pour pallier ce souci de taille, Marc, diplômé en sexologie, a ouvert un site internet (peu sexy, il faut l'avouer), mais bien pratique : ***Le Roi de la Capote***. Ici, chacun pourra évidemment y trouver son bonheur ! Qu'on les aime phosphorescents, parfumés, vibrants ou « spécial sexe circoncis », il y en aura pour tout le monde, et à des prix très intéressants qui plus est !

Vous pouvez également ***rendre visite au Roi de la Capote en son royaume***, au 106 boulevard Richard Lenoir, dans le 11e arrondissement, à Paris.

Bonus : vous pouvez vous faire livrer votre commande en Colissimo gratuitement ou par coursier en 1 h 30 si vous habitez Paris.

www.leroidelacapote.com

Le saviez-vous ?

En France,

5 900 communes sont menacées par des risques de tremblement de terre.

Relookage de vidéos pour un meilleur partage

Partagez des photos avec ses amis, c'est bien. **Partagez des vidéos, c'est mieux !**

Jusqu'à présent, nous étions bloqués à quelques secondes d'enregistrement… Avec

Vimies,

vous allez désormais pouvoir filmer jusqu'à 30 secondes, avec une super qualité, grâce à leur stabilisateur d'images. Plus encore, **vous pourrez appliquer des filtres, des bandes-son et autres objectifs à vos vidéos !** Le tout 100 % gratuit, et avec un partage sur les réseaux sociaux facilité.

Vous pourrez même directement identifier vos amis *Facebook* sur vos créations. Si vous avez un *Tumblr*, un blog ou un site, vous pourrez insérer le player **Vimies,** sur ce dernier.

Vimies – Disponible sur iPhone, iPod Touch et iPad – **Gratuit**

Les salaires des acteurs les mieux payés

Le classement *Forbes* des acteurs les mieux payés d'Hollywood est tombé… Attention, vertige assuré !

10 - Liam Neeson a gagné **24 millions d'euros** entre juin 2012 et juin 2013.

9 - Denzel Washington a vu son compte crédité de **25 millions d'euros** en 2013.

8 - Tom Cruise a remporté **26 millions d'euros** grâce à ses performances d'acteur.

7 - L'humour d'Adam Sandler lui a rapporté **28 millions d'euros** en un an…

6 -... Mais le charme de Leonardo Di Caprio semble rapporter plus, puisqu'il a empoché **29 millions d'euros** !

5 - Dwayne Johnson a bien fait de quitter les rings de catch pour les plateaux de cinéma : il a ainsi gagné **35 millions d'euros**.

4 - Mark Wahlberg a reçu **39 millions d'euros** en 2013.

3 - Hugh Jackman a remporté **41 millions d'euros** grâce aux griffes de Wolverine...

2 - Mais il n'a rien pu faire contre les tablettes de chocolat de Channing Tatum et ses **45 millions d'euros** annuels !

1 - Cependant, Iron Man reste le plus fort, puisque Robert Downey Jr a décroché **57 millions d'euros** en 6 films !

ÊTES-VOUS PLUS GRAND QUE NAPOLÉON ?

Napoléon a toujours été moqué pour sa petite taille (et il continue d'ailleurs de l'être !). Un terme a carrément été inventé en son « honneur » !

LE « COMPLEXE DE NAPOLÉON » EST UN COMPLEXE D'INFÉRIORITÉ TOUCHANT DES HOMMES NE SE SENTANT PAS ASSEZ GRANDS À LEUR GOÛT.

Pour autant, Napoléon n'était pas si petit que ça… Il mesurait 1,68 m. Sachant qu'il vécut à la fin du XVIIIe siècle, cette taille était tout à fait honorable ! D'ailleurs, les soldats volontaires de 1793 mesuraient en moyenne 1,68 m, d'après les archives militaires.

JEAN-CLAUDE VAN DAMME

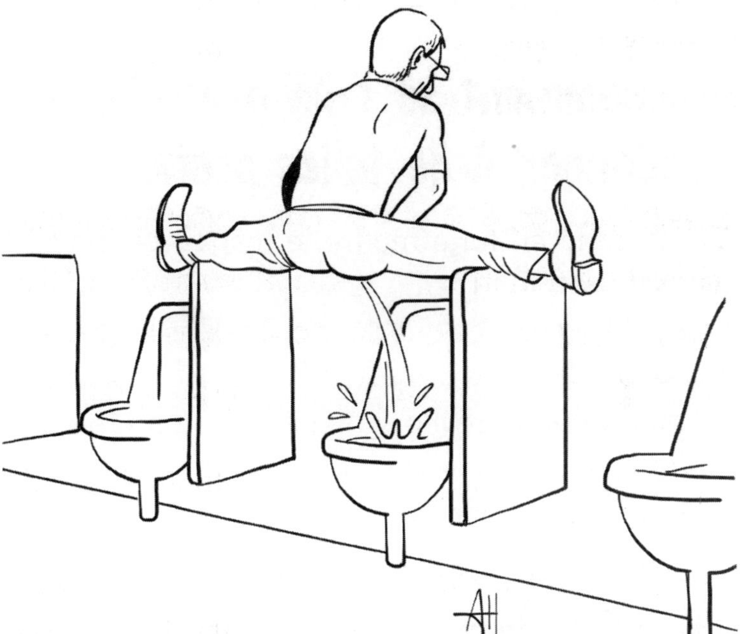

Ce matin, Maman passait l'aspirateur dans la chambre de sa fille Coralie, 16 ans depuis quelques jours. C'est alors qu'elle est tombée sur *S&M – Le magazine des SadoMaso*, voué à la gloire du bondage et du latex.

D'abord surprise, elle passe très rapidement au stade de la colère :

comment sa fille peut-elle s'adonner à de telles pratiques ?

Elle descend en furie mettre le magazine entre les mains de son mari :

– Tiens ! Regarde ce que j'ai trouvé dans la chambre de Coralie !!!

Le gars prend la revue, la feuillette et la rend à sa femme.

Celle-ci lui demande :

– Alors, qu'est-ce qu'on va faire ?

Et le père de répondre :

– Je ne sais pas encore… Mais une chose est sûre : c'est pas la peine de lui donner une fessée…

La belle Lilloise
brisait l'écaille
des moules.

**LA BELLE LILLOISE
BRISAIT LES COUILLES
DES MÂLES.**

Pourquoi dit-on…

TENIR LA DRAGEE HAUTE ?

Tenir la dragée haute,
c'est démontrer son pouvoir à autrui.

Cette expression, aujourd'hui très utilisée dans le monde sportif, nous vient du XVIIIe siècle. **Pour amuser les enfants, un adulte accrochait une dragée à un fil de canne à pêche,** puis le tenait en hauteur, obligeant ensuite la marmaille à sauter pour pouvoir bénéficier de cette gourmandise. Seuls ceux qui savaient sauter haut pouvaient se régaler, démontrant ainsi leur pouvoir aux autres.

On est plus heureux quand on a grandi avec une sœur !

Et oui, même si vous vous êtes beaucoup chamaillé avec elle quand vous étiez plus jeune, **vous pouvez aujourd'hui remercier votre sœur d'avoir fait votre bonheur !** Aussi insolite que cela puisse paraître, c'est pourtant la conclusion du professeur de psychologie Tony Cassidy, de l'Université d'Ulster !

Pour arriver à ce résultat, le scientifique a interrogé 600 jeunes âgés de 17 à 25 ans. Ces derniers devaient présenter la composition de leur famille, et indiquer leur état émotionnel. Le résultat est sans appel : ce sont bien les jeunes ayant vécu avec au moins une sœur qui sont les plus heureux.

Pourquoi ? Tout simplement parce que ces dernières « encouragent visiblement plus à la communication et à la cohésion dans les familles », selon les dires du professeur. **Et oui, savoir extérioriser ses émotions est primordial pour une bonne santé mentale.** Les femmes aimant se confier, elles invitent leur famille à en faire autant. C.Q.F.D.

Top 10 des plus grandes chansons de tous les temps, selon le magazine Rolling Stones

10 – **What'd I say**, Ray Charles

9 – **Smells like Teen Spirit**, Nirvana

8 – **Hey Jude**, The Beatles

7 – **Johnny B. Goode**, Chuck Berry

6 – **Good vibrations**, The Beach Boys

5 – **Respect**, Aretha Franklin

4 – **What's going on**, Marvin Gaye

3 – **Imagine**, John Lennon

2 – **Satisfaction**, The Rolling Stones

1 – **Like a Rolling Stone**, Bob Dylan

Tok tok tok, c'est le livreur !

Que vous soyez en pleine journée cocooning sous la couette, ou coincé au bureau jusqu'à pas d'heure, deux points communs vous réunissent :
– vous ne pouvez pas sortir,
– mais vous avez quand même des envies.

Que vous rêviez d'un bon burger, d'un Doliprane®, d'un méga paquet de chips ou du dernier album des One Direction, faites appel à Tok Tok Tok. ***Ils vous livrent n'importe quoi, n'importe quand (ouvert 7 j/7 et 24 h/24) et n'importe où*** (mais plutôt du côté de Paris quand même !). Les frais de livraison sont vraiment très bas vu la qualité du service (5-10 € en moyenne), et vous pouvez suivre votre runner en temps réel sur votre ordinateur ou sur votre smartphone.

Petit bonus sympa : à chaque livraison, vous cumulez des points. Et si vous en avez assez, vous aurez l'honneur de vous faire livrer par Taïg Khris, le champion du monde de roller et recordman du saut le plus haut… depuis la Tour Eiffel !

www.toktoktok.com

L'ARGENT

« Trois choses sont absolument nécessaires : premièrement de l'argent, secondement de l'argent, troisièmement de l'argent. »
Jean-Jacques Trivulce

« Le temps est un gaspillage d'argent. »
Oscar Wilde

« L'argent, c'est la couille des familles. »
Henri Pichette, extrait de **Les Épiphanies** (1947)

« Il faut mépriser l'argent, surtout la petite monnaie. »
François Cavanna

« Ambition : nom noble donné aux besoins d'argent. »
Philippe Bouvard, extrait de **Le Petit Bouvard illustré**

« Si tu n'obtiens pas ce que tu veux avec de l'argent, tu peux l'obtenir avec beaucoup d'argent ! »
Emir Kusturica, extrait des dialogues du film **Chat noir, chat blanc**

CITATIONS

« Personne n'accepte de conseils ; mais tout le monde acceptera de l'argent : donc l'argent vaut mieux que les conseils. »

Jonathan Swift, extrait de **Instructions aux domestiques**

« Celui qui prend la vieille femme aime l'argent plus que la dame. »

Proverbe français

« Si tu gagnes de l'argent à parler, tu gagnes de l'or à te taire. »

Proverbe grec antique

« Il y a certainement des tas de choses que l'argent ne peut acheter, mais c'est amusant : avez-vous déjà essayé de les acheter sans argent ? »

Ogden Nash, extrait de **Vers durs**

« L'argent ne fait pas le bonheur de ceux qui n'en ont pas. »

Boris Vian

« J'ai peur que l'État dépense moins bien mon argent que je ne le ferais. »

Philippe Bouvard

CITATIONS

« L'argent, ça va, ça vient,
mais quand ça vient, ça va. »

Smaïn, extrait de **Sur la vie de ma mère**

« Il faut prendre l'argent là où il se trouve, c'est-à-dire chez les pauvres. Bon d'accord, ils n'ont pas beaucoup d'argent, mais il y a beaucoup de pauvres. »

Alphonse Allais, extrait de **Le Sourire**

« Lorsqu'un ami vous demande de l'argent à emprunter, voyez lequel des deux vous voulez perdre. »

Jules Petit-Senn

« Un avocat, c'est quelqu'un qui empêche quelqu'un d'autre de prendre votre argent. »

Laurence Peter

« Ne vous mariez pas pour l'argent, vous pouvez emprunter à meilleur marché. »

J. Kelly

« L'argent ne peut pas acheter
l'amour, mais il améliore votre
position sur le marché. »

Henry Shaskins

La Société Protectrice des Animaux

a été créée en 1845, soit trois ans avant l'abolition de l'esclavage.

CES ANIMAUX QUI AIDENT LA POLICE

Quand il s'agit de résoudre un crime, tous les moyens sont bons, évidemment ! La police n'hésite donc pas à se servir de tous les détails pouvant l'aider dans cette quête. Parmi eux, certains animaux :

– LES CHIENS

Comme chacun le sait, grâce à la puissance de leur flair, ils sont très utiles pour identifier une personne via son odeur.

– LES INSECTES

On le sait moins, mais **LES ENQUÊTEURS SE SERVENT RÉGULIÈREMENT DES INSECTES TROUVÉS SUR LES CADAVRES POUR Y VOIR PLUS CLAIR.** S'ils trouvent des œufs de mouche ou des asticots, le meurtre est récent puisqu'ils sont les premiers à arriver. En revanche, s'ils relèvent la présence de scarabées, le meurtre est plus ancien ; en effet, ceux-ci viennent sur les corps pour se nourrir des asticots.

– LES CARPES

Des scientifiques belges (et ce n'est pas une blague) ont décidé de dresser ces poissons à la recherche de cadavres ! **POUR CELA, ILS ONT ÉLEVÉ DE JEUNES CARPES QU'ILS ONT NOURRIES D'ALIMENTS IMPRÉGNÉS D'ODEUR DE CADAVRE.** Ils espèrent qu'ainsi elles les mèneront vers les corps des noyés.

– LES VAUTOURS

En 2011, la police allemande a recruté trois nouvelles recrues : Sherlock, Miss Marple et Columbo, des vautours. Grâce à leur grande acuité visuelle et leur puissant odorat, ils sont plus à même de repérer des corps sur des terrains accidentés que les chiens renifleurs. **SEUL « PETIT » PROBLÈME : ILS ONT TENDANCE À PICORER LES CADAVRES QU'ILS RETROUVENT...** Dur d'aller contre sa nature de vautour !

En France, une expulsion coûte **14 500 euros**, selon la Cour des comptes.

Fini les grincements du bois !

Votre maison comporte du bois et ce dernier commence à vieillir… Premiers symptômes : les grincements. Très horripilants à la longue, il devient urgent de les faire cesser !

Pour cela, *munissez-vous de talc*. Versez-en dans un récipient et ajoutez de l'eau pour obtenir une pâte. Appliquez votre mélange sur les endroits qui grincent. Laissez sécher et aspirer le talc qui restera en surface. Le talc restant va s'insérer dans le bois et éviter tout grincement !

Humour

L'entraîneur de l'OM est à la recherche d'un nouvel attaquant… C'est alors qu'il apprend l'existence d'un extraordinaire jeune Irakien. Il prend donc l'avion pour Bagdad et assiste à un match du jeune prodige.

Impressionné par ce qu'il voit, il s'arrange pour que la future superstar déménage à Marseille.

Deux mois plus tard, en championnat, le PSG mène 2-0 contre l'OM et il ne reste plus que dix minutes à jouer. Il décide qu'il est temps de faire entrer sa nouvelle recrue. En dix minutes, le jeune Irakien marque 4 buts et donne la victoire à l'OM ! Les supporters pleurent de joie, les joueurs et l'entraîneur se jettent sur lui pour l'embrasser.

Bref, c'est la folie à Marseille !

Lorsqu'il rentre aux vestiaires, il appelle sa mère pour partager sa joie.

– Salut M'man, tu ne devineras jamais ! En dix minutes, j'ai marqué 4 buts et on a gagné ! Tout le monde est fou ! D'ailleurs, je ne peux pas rester trop longtemps au téléphone car toute la presse m'attend…

– C'est bien mon fils… Je suis contente pour toi.

– Bah Maman… T'as par l'air super contente pour moi…

Quelque chose ne va pas ?

– Oh ben si ! Tout est parfait, hein… Ton père vient juste de se faire tirer dessus en pleine rue. Il est actuellement aux urgences. Ta sœur a été violée à l'école et ton jeune frère a été arrêté avec l'un de ses potes : il conduisait une voiture volée…

– Maman je suis désolé… Je sais pas quoi te dire… Désolé…

– Désolé, désolé ? Tu te moques de moi ? C'est toi qui as voulu qu'on quitte Bagdad pour venir habiter à Marseille !!!

Qui m'appelle ?

Comme son nom l'indique, cette application permet à son utilisateur de savoir en temps réel qui l'appelle sur son smartphone. Inutile, puisqu'on a tous un répertoire, nous répondrez-vous… Eh bien, pas tant que ça !

Régulièrement, des numéros de téléphone que vous ne connaissez pas s'affichent sur votre écran et vous voilà pris dans l'éternel dilemme :

« Je décroche ou j'attends de voir s'il me laisse un message ? »

Si la personne vous appelant n'est pas enregistrée dans votre répertoire,

Qui m'appelle

va très rapidement chercher dans un annuaire inversé et vous donner toutes les informations dans une infobulle. Incontournable pour filtrer vos appels !

Qui m'appelle

Disponible sur Android – **Gratuit**

Le vieux renard
a le dos en compote.

LE VIEUX RENAUD
A LE DARD EN
COMPOTE.

Les meilleurs tweets

Depuis que j'ai mangé des moules, ça va pubien.

En général, avec les femmes, j'emballe… Surtout le corps avec du cellophane quand je veux les quitter.

Un acteur mort est-il capable de jouer des rôles de décomposition ?

Attention, si vous faites une blague sur votre chienne sur Facebook, votre véto risque de vous répondre : « Excellent ! Je te la pique ! »

Je vais déposer le bruit de mes flatulences à la SACEM avant que David Guetta n'en fasse une chanson.

Pourquoi c'est mieux de connaître un cul-de-jatte qui a la tourista, qu'un autre qui n'en est pas atteint ? Au moins, celui-là il avance tout seul !

LA PORTE !

Le saviez-vous ?

Les couche-tard sont les plus intelligents !

Bizarre cette affirmation, n'est-ce pas ? Surtout lorsque l'on nous rabâche en permanence que « l'avenir appartient à ceux qui se lèvent tôt ! » Mais nous voilà enfin libérés de ce lourd fardeau ! La prochaine fois que l'on vous reprochera d'avoir un rythme de vie décalé, ou tout simplement de vous coucher trop tard, vous pourrez répondre que **c'est là l'apanage des personnes au fort QI !**

Cela a été prouvé scientifiquement par Satoshi Kanazawa, de la London School of Economics. Selon lui, nos ancêtres vivaient davantage de jour par obligation. Aujourd'hui, les individus les plus intelligents ont tendance à être plus actifs une fois le soleil couché.

Se coucher tard est une « nouvelle préférence de l'évolution »,

selon le scientifique, ce qui indiquerait un « niveau de complexité cognitive plus élevé ». On pourrait d'ailleurs ajouter à cela l'étude de Marina Giampietro, une autre scientifique. Elle a prouvé que se réveiller trop tôt était beaucoup plus stressant puisque le cortisol (soit l'hormone du stress) était davantage présent dans notre corps à 7 heures du matin, qu'à une heure plus tardive. Il vaut donc mieux se coucher tard et se lever tard. C.Q.F.D. !

PS : Oui, vous pouvez envoyer cette page à votre patron, c'est prouvé scientifiquement.

On fuit son huile dans nos aliments,
Quand elles sont deux, les nageurs sont heureux,
En or, elle en a décoré plus d'un !

De quoi s'agit-il ?

Réponse :
la palme.

POURQUOI, EN VIEILLISSANT, LES BISCUITS DURS DEVIENNENT-ILS MOUS ET LES BISCUITS MOUS DEVIENNENT-ILS DURS ?

Humour

Nico a son premier rendez-vous chez le psychiatre :
– Docteur, j'ai un problème.

Tous les soirs, quand je suis au lit, j'ai l'impression qu'il y a quelqu'un caché dessous.

Alors, je regarde sous le lit, et là, bien sûr, il n'y a personne. Je me recouche, mais au bout d'un moment, je me dis que je n'ai peut-être pas bien regardé. Alors, je me relève pour vérifier de nouveau, sans résultat bien entendu.
Bref, je sais bien que c'est idiot, mais je ressens toujours le besoin de m'assurer que personne n'est caché sous le lit.
Docteur, j'en peux plus ! Je suis fatigué... Pouvez-vous faire quelque chose pour moi ?
Le psychiatre :
– Hum... Laissez-moi réfléchir...

Je pense... que vous êtes un obsessionnel compulsif...

Partant de cette conclusion, comptez six ans d'entretiens de psychothérapie, à raison de trois séances par semaine. À l'issue de ces six ans, je vous garantis une guérison de votre obsession.
– Euh... D'accord... Et combien ça va me coûter, docteur ?
– 200 € par séance. Enfin, si vous devenez un client régulier, je vous ferai la séance à 180 €.
– Euh... Merci pour cette ristourne... Mais j'ai besoin de réfléchir...
Trois mois plus tard, le psychiatre rencontre Nico dans une boulangerie, par hasard :
– Bonjour... Puis-je vous demander pourquoi n'êtes-vous jamais revenu me voir ?

– À 200 € la séance ? Mon livreur de pizza m'a trouvé une solution pour seulement 10 €.

– Comment ça, votre livreur de pizza ? Mais comment a-t-il fait ?
– Oh, il m'a simplement conseillé de scier les pieds de mon lit !!!

JEUX

MOTS CROISÉS

Horizontalement

A – Italienne du Sud
B – Délit
C – Qui joue sur les deux tableaux – Rigolé – Rammstein
D – Diminuerai
E – Grimace – Suffixe
F – Intelligence artificielle – Limonite
G – Pièce de bois – Grèce à l'envers
H – Dialecte occitan à Nice – Moi italien
I – Pronom – Fatiguer
J – Stimulant

Verticalement

1 – Habitante du Grand Nord
2 – Découverte
3 – Se reporter à – Racing Club – Affluent de la Durance
4 – Usais
5 – Qui ne relève pas du clergé – Spécialiste de l'équipement électronique
6 – Rivière bretonne – Francis a perdu son H
7 – Exister – Attaque brutale
8 – Indice de pollution dans l'eau – Pronom
9 – Théâtre japonais – Faciès industriel d'Afrique du Nord
10 – Désir – Ville des Brésiliens en Irlandew

	A	B	C	D	E	F	G	H	I	J
1										
2										
3			■			■			■	
4										
5							■			
6			■							■
7					■					
8								■		
9				■		■				
10										

Le WEB du WCB

Avec Louis & Adrien, l'apéro vient toujours à vous !

Que vous soyez coincé au bureau jusque tard, ou que des amis débarquent chez vous à l'improviste,

un petit apéro est toujours le bienvenu, n'est-ce pas ?

Mais, pour cause de flemme, de « rien-dans-les-placards » ou de manque d'inspiration, on peut très vite se sentir démuni face à la préparation de ce moment…

Pas de panique ! ***Louis & Adrien*** ont déjà écumé les petits marchés de France pour en tirer les meilleurs produits. Du vin au saucisson, en passant par une bonne tapenade et un succulent morceau de fromage, ***vous serez gâtés !*** Vous pouvez même vous payer le luxe de créer votre apéro personnalisé à partir des produits sélectionnés par les deux compères. Le tout pour moins de 30 € !

www.louisadrien.com

CALIFORNIE : ILS PROMÈNENT LEUR CHIEN... ET DEVIENNENT MILLIONNAIRES !

Un couple de Californiens vivant près de Sacramento promenait tranquillement leur chien sur leur propriété, quand ils se sont aperçus qu'une boîte en métal rouillée dépassait du sol. Ils se sont approchés et l'ont déterrée à l'aide d'un bâton. À l'intérieur, **ILS ONT DÉCOUVERT DE NOMBREUSES PIÈCES DE 20 DOLLARS EN OR,** une monnaie datant de la seconde moitié du XIXe siècle.

À l'aide d'un détecteur de métaux, ils ont sondé les lieux et ont découvert 8 boîtes remplies de 1427 pièces en or. **L'UNE DES PIÈCES, DATANT DE 1866, EST ESTIMÉE À 1 MILLION DE DOLLARS À ELLE SEULE !** Au total, le couple pourrait gagner plus de 10 millions de dollars !

Les Français et le célibat

40 % des Français avouent pouvoir ou avoir déjà trompé leur partenaire.

La France compte **18 millions de célibataires**, dont 66 **%** de femmes.

7 millions de Français fréquentent régulièrement des sites de rencontre.

12 % des Français ont déjà vécu une histoire d'amour au bureau.

La France est 7e au classement mondial des pays où l'on trouve le plus de femmes sexy.

68 % des Français se déclarent satisfaits de leur vie sexuelle... et **10 %** déclarent n'avoir aucune activité sexuelle.

25 % des 15-24 ans ont déjà eu une conversation hot par sms ou sur le Net.

Source : *Smoosee.com*

Par rapport à leur taille, les araignées que l'on trouve dans nos maisons courent 8 fois plus vite qu'Usain Bolt !

Nos bonnes Applis

Waze, le GPS pas pour les nazes !

Waze

est l'application qu'il faut avoir lorsqu'on prévoit un trajet en voiture ! Fini de dépenser des dizaines d'euros pour avoir un GPS dans sa voiture :

Waze est gratuit et va rapidement reléguer votre bon vieux GPS sur Le Bon Coin !

Non seulement, ses cartes sont à jour, mais en plus cette application s'appuie sur ses dizaines de milliers de membres pour vous informer en temps réel de tous les aléas de la route : radars fixes, **gendarmes cachés le long de la route**, accidents, pluie importante, bouchons ou encore véhicule arrêté sur le bas-côté. À vous de faire défiler l'asphalte dans des conditions optimales !

Dernier petit bonus : **Waze** vous indique les stations d'essence pratiquant le meilleur prix autour de vous !

Waze – Disponible sur iPhone, iPod Touch, iPad et Android – **Gratuit**

PETITE COMMISSION
GROSSE COMMISSION

Carla rentre dans sa cuisine
et y trouve son mari, Laurent,
une tapette à mouches à la main.

– Tu peux m'expliquer ce que tu fabriques,
Laurent ?

**- Comme tu le vois,
je chasse les mouches...**

– Et tu en as eu ?

– Oui ! J'ai tué six mâles et deux femelles !

– Intéressant... Mais comment fais-tu pour
différencier les mâles des femelles, toi ?

– Facile ! Y'en avait six sur la canette
de bière de ton beauf ; et deux sur ton
téléphone !

**J'aime beaucoup mon chien.
Mais qu'est-ce que je le digère mal...**

Quand je veux pas dire mon poids, c'est mon pèse-personne qui me balance.

Alain Delon a décidé de quitter Alain Delon. Car il se trouvait décidément trop con.

Vous avez la réactivité de mon grand-père.
Celui qui est mort.

**Attention, il n'y en aura pas pour tout le monde !
[SNCF] Offre spéciale pour Noël : un billet acheté, un retard offert.**

Ce qui me choque le plus dans cette affaire de Léonarda... C'est de savoir qu'il y a un putain d'enculé qui lui a donné ce prénom de merde !

POURQUOI CHASSE-T-ON LES PIGEONS DES PARVIS DES CATHÉDRALES OU DES PLACES, ET JAMAIS LES DANSEURS DE BREAK ?

Entretenir ses objets en cuir de manière économique

– Le talc contre les marques

Si votre cuir est marqué, le talc sera votre meilleur allié. Déposez du talc sur toute la surface abîmée et tamponnez avec un chiffon pour faire disparaître les traces. Économique et très efficace !

– Nettoyez le cuir encrassé

Si votre cuir est sale, munissez-vous d'un chiffon imbibé d'eau et de quelques gouttes d'ammoniaque. Frottez sur les parties souillées, et votre cuir sera comme neuf. Il ne vous restera plus qu'à le nourrir et à le faire reluire.

– *Une peau de banane pour nourrir et faire briller le cuir*

Pour faire briller votre cuir sans vous ruiner sur plusieurs générations, retournez la peau d'une banane et frottez l'intérieur contre le cuir que vous souhaitez nourrir. ***Résultat : une couleur ravivée et un cuir éclatant !*** Si vous n'avez plus de bananes, vous pouvez également obtenir un résultat similaire avec de l'huile d'olive ou une crème nourrissante grasse pour la peau.

– *De l'oignon pour plus d'éclat*

Si votre cuir a perdu de son éclat d'antan, coupez un oignon en deux et frottez-le contre votre cuir. Laissez sécher quelques instants et passez un chiffon doux pour le polir.

Le saviez-vous ?

James Bond est alcoolique !

Et voilà l'image d'un héros qui en prend un coup ! Un James Bond alcoolique, impossible vu toute l'énergie qu'il dépense et le corps de rêve qu'il nous laisse régulièrement admirer ! Et pourtant, c'est bien la conclusion qu'ont tirée trois médecins ayant lu les livres de Ian Fleming, dans une étude publiée dans la revue médicale britannique *BMJ*.

Pour l'Organisation Mondiale de la Santé (OMS), la limite de l'alcoolisme se situe à 210 grammes d'alcool ingérés par semaine, soit 3 verres de vin par jour. James Bond s'en envoie 736 grammes hebdomadairement ! Sachant qu'au-dessus de 420 grammes, la consommation devient « nocive », le célèbre agent spécial 007 risque fort de développer de nombreuses maladies… et de devenir impuissant ! *What a shame !*

« Nous reconnaissons que la fréquentation de terroristes internationaux [...] peut conduire à la boisson, mais nous conseillerions à M. Bond de consulter [...] et de réduire sa consommation à des niveaux moins dangereux », concluent les médecins.

Source : *Huffington Post*

TOP 10 des objets les plus volés lors d'un cambriolage

10 – Vélo (6,1 %)

9 – Vin ou autres alcools (7,2 %)

8 – Téléphonie (9,3 %)

7 – Vêtements (11,90 %)

6 – Matériel de bricolage et de jardinage (12,8 %)

5 – Consoles et jouets (12,9 %)

4 – Matériel informatique (25,8 %)

3 – Argent liquide, chèque ou carte bancaire (29,9 %)

2 – Matériel hi-fi ou photo (33,4 %)

1 – Bijoux (49,7 %)

Source : Étude de victimisation « Cadre de vie et sécurité », publiée par l'Observatoire national de la délinquance et des réponses pénales (ONDRP)

Il peut être secret, servir à nous appuyer ou engendrer des frais.

De quoi s'agit-il ?

Réponse :
le dossier.

Le WEB du WCB

Viens chéri, on va manger chez les voisins !

Il n'est pas obligatoire de s'attabler au restaurant d'un *Top Chef* pour bien manger. D'ailleurs, le plaisir d'un bon repas tient également dans les joies de la conversation, n'est-il pas ? Partant de ce principe, de jeunes Parisiens ont décidé de se jeter à l'eau et ont créé leur concept : ***Cookening***.

L'idée concrète est de mettre en relation des gens qui aiment faire la cuisine, bien manger, découvrir de nouvelles personnes et boire un bon verre de vin.

Que l'on habite la ville ou que l'on soit de passage, il est très simple de réserver une table chez l'habitant.

Ce dernier se fera un plaisir de vous concocter un bon petit plat, en tenant compte de vos allergies ou tout simplement des saveurs que vous n'appréciez pas !

En somme, un très bon moyen de bien manger, tout en se faisant de nouveaux amis !

Et bon appétit, bien sûr !

www.cookening.com

INDE : UN PERROQUET IDENTIFIE UN MEURTRIER PRÉSUMÉ

En Inde, une femme de 55 ans est retrouvée poignardée à mort le 20 février 2014. Ses bijoux ont été volés. La police piétine et n'arrive pas à identifier le meurtrier.

Les proches de la défunte remarquent que **LORSQU'ILS PRONONCENT LE NOM DE SON NEVEU, ASHUTOSH, LE PERROQUET S'AGITE DANS SA CAGE**. Si ce dernier entre dans la pièce, c'est encore pire. L'information est transmise aux policiers en charge de l'affaire. Autre indice : ils remarquent qu'Ashutosh est blessé à la main. Le chien de la victime l'a mordu.

Le jeune homme est arrêté pour meurtre et, dans le même temps, les bijoux sont retrouvés.

20 h 30. Au domicile de la famille Thivoux, Camille est devant la télé quand les résultats du loto sortent.

Oh surprise !

Elle a joué tous les bons numéros ! Elle ouvre la fenêtre et hurle à son mari la bonne nouvelle. L'homme, emporté par sa joie, traverse la route sans regarder des deux côtés…

ET PAF !

Un camion l'écrase !
Camille : « Putain !
Quand une journée se finit bien,
elle se finit VRAIMENT bien ! »

Si un jour, vous appelez **DREW BARRYMORE** pour négocier un contrat ou lui faire une proposition importante, vous pouvez d'ores et déjà l'imaginer dans la même pièce que vous ! Et oui, c'est aux **TOILETTES** qu'elle passe ses appels les plus importants ! Selon elle, l'endroit est particulièrement propice à la réflexion.

Même à distance, l'anis peut présenter un grave danger pour les perruches.

MÊME À DISTANCE, LA RUCHE PEUT PRÉSENTER UN GRAVE DANGER POUR LES PÉNIS.

Les meilleurs tweets

C'est au moment où le moustique se pose sur tes testicules que tu comprends que la violence ne résoud rien dans la vie.

Il faut que j'arrête de me cacher derrière mon petit doigt. Je vais essayer avec mon pouce, car j'ai pris un peu de poids.

J'ai souri à quelqu'un dans le métro. Je me suis fait passer à tabac en me faisant crier dessus : « c'est juste un avertissement, sale pervers ! »

J'ai enfin réussi à ce que ma fille de 3 ans ne joue plus avec des couteaux. Pour éviter qu'elle se blesse, je l'ai amputée des deux mains.

Quand un homme politique suisse admet avoir un compte en France, il doit démissionner.
Juste pour incompétence.

La dernière fois que j'ai lancé une balle sur mon chien, c'était avec un fusil. Depuis, il est moins joueur…

Charles IX

a décrété un jour de deuil à la cour en l'honneur... de Caron, son chien décédé !

TOP 9 des tweets de Will Ferrell

9 – Si la beuh devient légale j'ai hâte de voir les pubs…

8 – Les clopes ressemblent beaucoup aux hamsters. Elles sont inoffensives, sauf si on se les met dans la bouche et qu'on les enflamme.

7 – Qui est la meilleure prostituée de l'histoire ? Ms. Pacman, pour 25 cents cette sa… avalait des boules jusqu'à ce qu'elle meure.

6 – On ne devrait pas avoir son permis de conduire tant qu'on n'a pas fini « Rainbow Road » sur Mario Kart !

5 – Je viens de finir Harry Potter.
Pas très réaliste, si vous voulez mon avis.
Un roux avec deux amis… Sérieux ?

4 – Je viens de me faire défier par
un gamin pour une bataille d'eau. Du coup,
je tweete en attendant que l'eau boue…

3 - Quand quelqu'un me traite de moche, ça me rend très triste, alors je leur fais un câlin. Je sais que la vie est difficile pour ceux qui ont des problèmes de vue !

2 – Je déteste ne pas répondre à une
chaîne d'email et mourir le jour d'après.

1 – Chère vie. Quand j'ai dit « Comment
ça pourrait être pire ? », c'était une
question rhétorique, pas un défi !

Ah, si j'étais riche ...

La fortune cumulée des

85 personnes

les plus riches au monde
correspond à celle de la moitié
la moins riche de l'humanité !

En résumé, moins de 1 % de la population mondiale dispose d'autant d'argent que les 3,5 milliards de personnes les plus pauvres.

J'AI UNE TOUCHE AVEC UNE FILLE, UN VRAI CANON !
ET TU PENSES ASSURER AVEC TON 9 MM ?!
AH

Humour

Un couple, tous deux âgés d'une quarantaine d'années, se rend chez un sexologue lyonnais pour une thérapie, comme beaucoup d'autres en France. Christian demande :

« Nous désirons que vous nous surveilliez pendant que nous faisons l'amour. »

Le sexologue accepte.

Quand le couple a fini, le sexologue leur dit que tout lui semble normal, et leur facture 45 €.

Le couple prend tout de même rendez-vous pour la semaine suivante.

Et c'en est ainsi pendant 5 semaines. À chaque fois le couple arrive, fait l'amour sous la surveillance du sexologue et repart avec une facture de 45 €. À chaque fois, le médecin ne décèle aucune anomalie.

Lors du 6e rendez-vous, le sexologue leur demande :

« Je ne comprends pas trop votre démarche… Tout a l'air de bien aller entre vous ! »

Christian finit par lui répondre :

« C'est un peu particulier, docteur…

Myriam est mariée, et on ne peut pas aller chez elle.

Je suis également marié, et on ne peut pas plus aller chez moi. Je refuse de l'emmener dans un Formule 1, l'hôtel Ibis coûte 85 € et le Hilton 135 €.

Ici, on peut faire l'amour pour 45 € et en plus, ma mutuelle me rembourse 35 € !!! »

	2			5	9			
1								5
	4						8	
6				7	5		4	
8	5		4	9	3		7	1
	1		2	6				3
	8						9	
4								6
			7	8			3	

La radio de vos vacances au bureau

Après un voyage à l'étranger, vous avez trouvé de super stations radio et vous aimeriez continuer d'en profiter ? C'est désormais possible grâce à l'application

Radium !

Celle-ci va vous permettre de chercher vos radios par type de musique diffusé, par emplacement géographique, ou tout simplement par nom. Grand plus : un design travaillé et très épuré !

Plus besoin de mettre à jour vos chansons sur votre smartphone tous les deux jours,

ni de supprimer toutes vos applications pour les remplacer par des gigas de musique à la veille d'un départ en vacances.

Radium – Disponible sur iPhone, iPod Touch et iPad – **Gratuit**

En 2014,
deux exemplaires de
MEIN KAMPF
dédicacés par
Adolf Hitler
ont été vendus à
64 850 DOLLARS !
Sachez qu'en 2015,
ce livre tombe dans
le domaine public.

Le WEB du WCB

Devenez un vrai Lord ou une réelle Milady !

Depuis vos premiers *James Bond*,
vous rêvez de vous faire appeler Lord ?

Ou vous souhaitez devenir une Lady au même titre que Diana ou miss Gaga ?

Sachez que c'est désormais possible…
tout en faisant une bonne action !

Highland Titles permet à tout le monde d'accéder à ce titre de noblesse, en achetant une parcelle de terre écossaise. Ainsi, vous aidez le biologiste à l'origine du projet à protéger la nature, et vous deviendrez pour de bon Lord ou Lady. Grâce à leurs documents officiels, vous pourrez en mettre plein la vue en faisant apparaître ce titre sur tous vos documents officiels, de votre permis de conduire à votre compte en banque !

www.highlandtitles.com

SE FAIRE APPELER ARTHUR ?

Si votre ami vous confie : « Wow… Vu l'heure, je vais encore me faire appeler Arthur par ma femme ! », n'en déduisez pas que cette dernière ne se souviendra plus du nom de son mari. Non, elle va simplement sévèrement le réprimander ! Cette expression est née pendant la Seconde Guerre mondiale. La France, sous l'occupation nazie, se devait de respecter le couvre-feu fixé à 20 heures. Si les sentinelles apercevaient une maison aux lumières encore allumées, elles criaient : « Acht uhr ! Acht urh ! », soit « Huit heures ! Huit heures ! » en français. « Acht uhr » est tout bonnement devenu Arthur à force d'être répété…

Le saviez-vous ?

Pas de parité pour le sommeil !

Les femmes ont besoin de dormir davantage que les hommes, c'est un fait.

Pouvant faire aisément plusieurs choses en même temps, elles utilisent un pourcentage plus important de leur cerveau.

Elles ont donc besoin de dormir plus longtemps pour une régénération plus importante de leur matière grise.

Cela a été prouvé scientifiquement par des chercheurs de l'Université de Duke, en Caroline du Nord.
Et toc !

Paris à vendre !

Si on mettait en vente quelques monuments parisiens, voici les prix que l'on verrait apparaître (hors période de soldes !) :

– **0,38 milliard d'euros** pour le ministère de la Justice et l'Opéra-Garnier

– **1,17 milliard d'euros** pour le palais de l'Élysée

– **1,28 milliard d'euros** pour l'hôtel Matignon

– **7,54 milliards d'euros** pour le musée du Louvre

– **10,35 milliards d'euros** pour le jardin du Luxembourg

Pour finir, sachez que vous devriez débourser **706 milliards d'euros** si vous vouliez vous acheter la capitale dans sa globalité !

Source : *Que vaut Paris ?*, Les éditions du Mécène

JEUX

MOTS CROISÉS

Horizontalement

A – Communauté israélienne
B – Indescriptible – Se hasarda
C – Effondrement – Préleva
D – Tollé – Clôture
E – Maison de retraite suisse – Il fait peur à plus d'un enfant
F – Sodium – Débordement – Police Nationale française
G – Lion de mer – Passe
H – Cigarettes – Profanation
I – Courbe – Ancien
J – Fortement séduite

Verticalement

1 – Coiffe paysanne acadienne
2 – Funérailles
3 – Gadoues – Assurance
4 – Borné – Principe
5 – Mère des oisons – Dégât
6 – Association européenne – Pioche – Console virtuelle
7 – Pognon – Tient à un fil
8 – Don Diego de la Vega – Firmament
9 – Déesse funéraire – S'accoutume
10 – Relative à la mère

	A	B	C	D	E	F	G	H	I	J
1										
2							■			
3						■				
4					■					
5				■					■	
6			■					■		
7							■			
8						■				
9					■					
10										

L'éleveur calmait son malinois à coup de botte.

L'ÉLEVEUR CALMAIT SON MAL AUX NOIX À COUPS DE BITE.

Annette dit à son mari :

– Regarde le voisin comme il l'aime sa Karine… Il la prend dans ses bras, la câline, lui dit des mots doux, l'embrasse… Pourquoi tu fais jamais ça, toi ?

– Ben… parce que je ne connais pas assez bien la voisine !

Si votre mascara donne ses premiers signes de faiblesse, inutile de le jeter pour autant !

Versez deux gouttes de lait démaquillant dans le tube, secouez et il sera comme neuf !

QUEL AURAIT ÉTÉ LE NOM DU CHAT BOTTÉ SI LE FILS DU MEUNIER LUI AVAIT TROUVÉ PLUTÔT DES TONGS ?

LE LOOK RIDICULE D'ABBA AVAIT UN SENS !

Vous vous êtes toujours moqué du look d'Abba ? Après avoir lu ces quelques lignes, vous risquez fort d'arrêter net !

Björn Ulvaeus, membre d'Abba, a récemment révélé que le ridicule de leurs tenues était encouragé par deux éléments :

– d'une part, ils espéraient ainsi que les gens se souviendraient d'eux ;

– d'autre part, **UNE LOI SUÉDOISE TRÈS INSOLITE A BEAUCOUP COMPTÉ...** En effet, il est prévu que si les tenues choisies sont trop excentriques pour être portées dans la rue, alors leur prix peut être déduit des impôts du groupe.

Alors, toujours aussi ridicules les Abba ?

Quand les moustiques nous pissent dessus...

Et oui, dès lors que l'on a été piqué par un moustique, il faut savoir que ce dernier a vidé sa vessie à l'endroit de la piqûre. Deux chercheurs de l'Institut de recherche sur la biologie de l'insecte sont à l'origine de cette étrange découverte.

Depuis de nombreuses années, les scientifiques se demandaient comment ce petit insecte pouvait s'emplir de sang chaud sans mourir. Ils ont aujourd'hui trouvé qu'il sécrétait une goutte d'urine mêlée à du sang chaud pour faire baisser la température de son corps.

Non, vous ne verrez plus jamais les piqûres de moustiques comme avant ...

Nos bonnes Applis

Rayman : retour vers le futur !

Si vous avez grandi dans les années 1990, il est fort probable que vous ayez déjà eu une ***GameBoy*** entre les mains (Color, si possible !). Si tel est votre cas, vous avez très certainement joué à **Rayman**, ce petit bonhomme à la mèche folle, sans bras ni jambes, mais avec des poings et de belles baskets !

Sachez que vous pouvez désormais retrouver votre héros favori sur votre smartphone avec la nouvelle édition de ce jeu,

Rayman Jungle Run !

Parfaitement adapté à nos nouvelles technologies, **Rayman a conservé son côté addictif tout se bonifiant**. Le gameplay est au top, le graphisme élégant et chaque niveau est accompagné de musiques que vous n'aurez, pour une fois, pas envie de couper !

Rayman Jungle Run – Disponible sur iPhone, iPad et Android – **2,69 €**

C'est un mariage
et une fusion,
On peut la célébrer
avec des noces,
Elle ne manque
pas de force,
Mais son trait est
dépourvu d'esprit.

De quoi s'agit-il ?

Réponse :
l'union.

Les meilleurs tweets

Depuis que j'ai fait une béquille à Grand Corps Malade, il fait moins le malin.

À force de travail, je me suis sculpté un corps magnifique. Mais c'est douloureux et ça met du sang de partout.

Chaque semaine, je fais mes courses par Internet. C'est très pratique. J'envoie la liste des courses à ma femme par mail.

Hier soir, j'ai perdu mon pull gris, je suis entré dans une polaire noire !

J'ai lu la biographie de Laure Manaudou, c'est pas mal, mais je trouve qu'il y a beaucoup de longueurs.

Selon un dernier sondage, la religion rendrait dépressif... Faut-il pour autant faire une croix dessus ?

Les coraux peuvent parcourir jusqu'à

9 000 km,

soit quasiment la largeur de l'océan Pacifique !

Un nouveau mot anglais est créé toutes les

98 minutes ;

soit

5 863 nouveaux mots par an !

Le saviez-vous ?

L'année de sa création, en 1809, le baccalauréat ne récompensa que 32 heureux élus… contre plus 588 000 en 2013 !

Covoiturage pour kids

Les enfants ont eux aussi leur service de covoiturage ! Si vous n'arrivez plus à suivre le planning d'activités de votre enfant, un site semble fait pour vous :

Kid Mouv'.

Il permet aux parents de déposer une annonce expliquant le lieu auquel il faut récupérer l'enfant et celui où il faut le déposer.

Que vous fassiez le trajet à pied ou en voiture, vous pouvez vous inscrire.

Le site n'est payant que lors de la mise en relation entre le parent cherchant une solution, et celui qui vient la lui apporter.

Les tarifs étant très compétitifs, ***Kid Mouv'*** est une belle manière de s'organiser, de gagner du temps… et de l'argent.

www.kidmouv.fr

Les 40 phrases à ne jamais dire lors d'un rapport sexuel

1. Mais tout le monde a l'air étrange tout nu, t'en fais pas.

2. Je suis quand même inquiet pour cette histoire de retrait.

3. Tu m'as réveillé pour ça ?

4. Sois poli, fais coucou à la caméra.

5. C'est dingue, ta sœur fait pareil.

6. Essaie de respirer par le nez, ça ira.

7. Garde bien tes chaussettes.

8. Magne-toi quand même, la mi-temps, c'est 15 minutes.

9. Elle vient quand déjà ta mère ?

10. Tu me passes la télécommande s'il te plaît ?

11. Tu prends les Mastercard ?

12. Nan, c'est rien, je rêvais.

13. Finalement, éteignons la lumière, t'as raison.

14. J'imagine que t'as pas XXL ?

15. Je veux un enfant, maintenant.

16. Le mec qui a refait le plafond a vraiment fait un travail de porc, hein ?

17. Tu me diras quand ça devrait être bien ?

Humour

18. J'ai pris ma pilule au fait, moi ou pas ? Bof, tant pis !

19. Mais mon chat dort toujours avec moi.

20. Je t'ai pas dit que ma tante Claudine est morte dans ce lit ?

21. Nan merci, pas pour moi, je vais m'arrêter là.

22. C'est dingue comme tu me rappelles mon ex.

23. T'as commencé ?

24. On se marrerait mieux à 5 ou 6, hein ?

25. Ah, d'accord, ben là, je comprends mieux. Mais non, ça me dégoûte pas du tout, faut juste que je m'habitue.

26. Quel tampon ?

27. Je vais vomir, je crois.

28. Mais la liposuccion, ça marche super bien en plus.

29. T'es pas canon-canon, mais j'ai envie-envie.

30. On dirait presque des vrais.

31. Je t'ai déjà filé mon numéro ? Non ? Tant mieux. Mais vas-y, termine.

32. Tu fais quand même la cuisine aussi, non ?

33. Tu pourrais au moins faire semblant de t'amuser un peu.

34. Je te dois rien ? Ça me fait bizarre.

35. Déjà ?

36. J'ai une confession à te faire…

37. J'l'ai jamais fait, hein…

38. Tu pourrais au moins faire semblant.

39. On dirait vraiment que tu as fait ça toute ta vie, c'est dingue !

40. Mes parents vont t'adorer !

Source : *AdopteUnMec.com*

1€
AH

En 2010,

64 759 tonnes de tabac

ont été vendues par les buralistes français.

Le plus grand massage du monde a regroupé

1 282 personnes,

soit

641 masseurs

et autant de massés.

8 TRUCS RIGOLOS ET INSOLITES SUR LE SEXE AVEC MA VIE DE FEMME

1. Traduit en allemand, le mot « contraceptif » donne Schwangerschaftsverhütungsmittel ! Il ne faut pas être pressé !

2. En Europe, 1 bébé sur 10 est conçu dans un lit Ikea.

3. SI UNE FEMELLE FURET N'A PAS DE COÏT DURANT UNE ANNÉE, ELLE MEURT. SI CE N'EST PAS TRISTE ÇA...

4. En deux semaines, un homme célibataire produit assez de spermatozoïdes pour féconder toutes les femmes fertiles sur la planète !

5. 7 tablettes de Viagra sont vendues chaque seconde dans le monde.

6. Lors des jeux Olympiques de Londres en 2012, les athlètes ont reçu 150 000 préservatifs gratuits pour 17 jours. On peut le dire, ils sortaient couverts !

7. UN CHIMPANZÉ FEMELLE, EN PLEIN ÉBAT, EST AUSSI FORT QUE 6 PERSONNES HUMAINES. Quoique, vu la façon dont les chimpanzés font l'amour, il lui en faut de la force...

8. La gymnophobie est une phobie qui se résume à la peur d'être imaginée nue.

– Ça ne te dérange pas que je te tutoie ?

– Je préférerais quand même que tu tues quelqu'un d'autre.

Et si nous avions nos deux yeux au-dessus de la même joue...

… nous serions des poissons plats !

Et oui, ces étranges poissons ont les deux yeux du même côté de la tête ! Ce qui est encore plus étrange, c'est qu'ils naissent avec un œil de chaque côté, comme tout animal lambda. Mais en grandissant, ils se mettent à nager toujours du même côté, ce qui entraîne une torsion sur l'ensemble de leur corps.

Résultat : un œil se déplace de jour en jour pour se rapprocher de l'autre.

Et attention, selon l'espèce de poisson, ce n'est pas toujours l'œil gauche qui s'en va rejoindre le droit !

TOP 40 des meilleures perles au baccalauréat

40 – « Généralement le langage de la parole est le moyen de communication souvent choisi pour les hommes entre eux, mais il faut aussi savoir bien écrire parce que sinon on ne peut pas s'exprimer dans un langage que l'on comprend bien ensemble avec les autres. »

39 – « Pour gérer durablement ce type de milieu, il faut penser à l'écologie : par exemple, replanter des fleurs et des arbres, laisser les chenilles devenir des papillons, ou encore tailler régulièrement les haies. »

38 – « Le nombre Pi a la particularité d'avoir des pouvoirs surnaturels. »

37 – « S'il n'y avait pas de lois, les gens seraient libres de conduire en état de sobriété. »

36 – « En Afrique du sud, il y a plusieurs peuples qui ne parlent pas la même langue : c'est la bio-diversité. »

35 – « Cette question est tellement facile que je n'ai pas pris le temps de recopier la réponse (j'ai fait le calcul dans ma tête). »

34 – « Dans "état d'esprit" il y a le mot "état". Ce n'est pas un hasard, et cela montre bien que l'État est responsable de l'état psychologique des citoyens. »

33 – « D'après l'INSEE, la répartition du patrimoine des Français dépasse 100 % pour les plus riches. Ce qui montre bien qu'ils sont très riches. »

32 – « Le soldat est mort à coup de balles. »

31 – « C'est Parmesan qui a introduit la pomme de terre en France. »

30 – « Au cercle polaire, l'hiver dure 9 mois et l'été aussi. »

29 – « La loi sur les homosexuels permet d'avoir des enfants sans utiliser une femme. »

28 – « Quand la marquise de Pompadour se trouvait mal, on lui faisait respirer des selles. »

27 – « La plus grande mégalopole du monde est Paris, elle se situe au centre la France et elle contrôle tout. »

26 – « La nouvelle loi permettant le mariage pour tous implique également la GPA (Gestion Pour Accoucher). »

25 – « Nous devons nous soumettre à l'État qui est tout puissant et qui dirige nos vies. »

24 – « En 1792, les Français déclarent la guerre à plusieurs pays d'Europe, pour leur apporter la paix. »

23 – « Un cercle est une figure en forme de rond-point. »

22 – « Les activités du territoire français se divisent en 2 parties : au nord, l'industrie et au sud, le tourisme. La ville de Paris (bien connue pour ses industries, mais aussi pour son attrait touristique), fait le lien entre ces “deux France”. »

21 – « Tous les GPS ne sont pas en orbite autour de la Terre. Il y en a beaucoup qui restent dans les voitures afin de trouver la route plus facilement. »

20 – « L'enjeu principal concernant la gestion durable d'un territoire est le respect des animaux, et en particulier des marmottes, qui sont de petits animaux fragiles, mais très amusants. »

19 – « Parfois, il est vrai que l'on se sert du langage comme un outil pour arriver à ses fins : ici, j'essaie désespérément d'utiliser le langage pour vous prouver que je mérite une bonne note. »

18 – « Les ondes sismiques ne se déplacent pas le lundi. »

17 – « Les Britanniques dominent le monde avec la langue. »

16 – « Le Petit Prince a été écrit par un Saint : Exupéry. »

15 – « De nos jours, tout fout le camp. Même le pape a démissionné, pourtant il représente Jésus et devrait être immortel ! Tout ça embrouille l'esprit des électeurs et complique la vie du Président. »

14 – « Je ne répondrai pas à aux questions suivantes, car elles ne sont pas au programme et elles sont trop compliquées. »

13 - « Internet permet au peuple de se divertir en regardant des vidéos de chatons sur Youtube. C'est très important pour le développement intellectuel des populations. »

12 – « La Russie est un grand pays qui possède d'importantes réserves de pétrole, mais également de barils de vins. C'est important pour attirer de nouveaux investisseurs tels que Gérard Depardieu. »

11 – « Les Égyptiens transformaient leurs morts en zombies. »

10 - « Moralité et politique ne font pas toujours bon ménage (ex.: DSK). »

9 – « Je devrais ici citer une référence, mais je n'en ai que deux pour tout le devoir, alors je la garde pour plus loin. »

8 – « Encore maintenant, un des slogans les plus criés par les étudiants dans la rue est "CRS URSS !", par nostalgie de la guerre froide. »

7 – « L'économie de l'Europe, surtout de la France, coule à cause des fonctionnaires, sauf ceux de l'enseignement qui sont mal payés et pas respectés. »

6 – « L'Amérique a été découverte par Joe Dassin. »

5 – « Le langage ne se limite pas à la parole. Si on prend l'exemple du Gangnam Style, c'est une danse qui est très connue dans le monde, mais dont personne ne comprend les paroles. »

4 - « Le numérique se développe en France particulièrement avec l'explosion de la TNT (tout jeu de mot serait fortuit). »

3 – « L'exemple de Titanic sert à démontrer l'agressivité des icebergs. »

2 – « La politique n'a rien à faire en philosophie. Tout le monde sait bien que Descartes était membre du Parti socialiste, et pourtant il a écrit de très bons livres. »

1 - « L'ensemble de ce paragraphe peut sembler incompréhensible, mais en cherchant bien, il y a des choses qui méritent une bonne note. »

24 fois,
Émile Zola
se présenta
à l'Académie
française.

24 fois,
Émile Zola y
fut refusé.

IL CHERCHE À SE SUICIDER EN SE JETANT DANS LA CAGE DES TIGRES

Yang Jinhai n'en peut plus. Il est dépressif et au chômage.

C'EN EST TROP POUR LUI. IL VEUT MOURIR !

Il décide de se rendre au zoo de Chengdu, escalade un arbre et se jette dans la cage des tigres.

Et là… rien.

LES TIGRES N'EN ONT ABSOLUMENT RIEN À FAIRE DE LUI.

Yang Jinhai a eu beau s'agiter et provoquer les animaux, il ne s'est rien passé. Tout juste l'un des animaux l'a-t-il traîné par le cou, comme il l'aurait fait avec sa progéniture.

Tout ce petit cirque a duré une vingtaine de minutes. Les employés du zoo sont finalement intervenus pour endormir les félins et sortir le jeune homme de la cage en toute sécurité.

MON COACH ZEN ET BIEN-ÊTRE
avec maviedefemme.com

PORTRAIT DE L'HOMME IDÉAL

Un menton prononcé, une mâchoire forte, des yeux étroits, des sourcils bien définis : d'après le portrait-robot paru dans le journal *Evolution and Human behaviour* sur le visage de l'homme idéal, celui-ci ne serait **pas loin de Georges Clooney** ! Et pour les autres caractéristiques physiques, vous verrez que certaines sont très surprenantes...

UN ANNULAIRE PLUS LONG QUE L'INDEX

C'est prouvé : les femmes sont plus attirées par les hommes dont l'annulaire (qui porte l'alliance) est plus long que l'index ! D'après le Royal Society B, la longueur de l'annulaire est déterminée par l'exposition du foetus à la testostérone, la principale hormone sexuelle mâle... En plus, ceux-là ont en général un minois plus plaisant !

POILU LÀ OÙ IL FAUT

La grande mode, c'est la barbe de 3 jours. Mais ce n'est pas seulement pour être fashion que ces messieurs se laissent aller : c'est surtout parce que ça a l'air de nous plaire ! Et les poils sur le torse, so sexy, font le même effet ! 46 % des femmes interrogées par le psychologue Robert Wildman affirment préférer les torses très velus ! Les imberbes remportent seulement 8 % des suffrages.

LE PÉNIS CIRCONCIS

89 % de la gent féminine disent oui à un pénis circoncis, tandis que 11 % préfèrent qu'on les laisse intacts ! Une simple question de goût...

MON COACH ZEN ET BIEN-ÊTRE
avec maviedefemme.com

IL TRANSPIRE DE L'ANDROSTÉNOL

L'androsténol est le parfum produit par la sueur fraîche. L'androstérone est produite quand la sueur de l'homme a été exposée à l'oxygène. Si la première sueur rend folles les femmes, la seconde est par contre rédhibitoire (et ça va très vite...) ! « Sauf en période d'ovulation », précise Kate Fox, anthropologue, dans *Rapport sur l'odeur*.

IL NOUS PREND DE HAUT

Pour les docteurs Darren Burke et Danielle Sulikowski, psychologues à l'Université de New Castle, l'inclinaison du crâne vers le bas en regardant leur nez rend les hommes irrésistibles ! Et pour ces messieurs, c'est à l'inverse quand on penche la tête vers le bas en regardant en haut qu'on a une chance de les émoustiller !

UN CORPS EN V

Contrairement aux idées reçues, les femmes n'aiment pas spécialement les gros bras. **Elles privilégient la fermeté au volume**. Ainsi, une récente étude australienne a montré que la gent féminine est d'emblée plus attirée vers un corps mince et ferme, plutôt que vers un corps body-buildé ! En particulier les silhouettes en V : des épaules larges et carrées, et un bassin plutôt étroit.

Mais « souvent femme varie » : en période d'ovulation, elles sont plus attirées par les hommes virils sur le plan de la pilosité... ce qui n'est pas le cas durant le reste de leur cycle !

Humour

En rentrant de l'école, Léandre, 5 ans et demi, dit à sa mère :

– Maman, à midi, alors que tu étais à ton bureau, papa, il est venu à la maison avec une dame.

Il l'a déposé sur ton lit et…

La mère le coupe tout de suite :

– Attends mon lapin… Si tu le veux bien, tu vas nous terminer ce joli récit tout à l'heure et devant tout le monde !

20 h, le père rentre à la maison. 20 h 30, toute la petite famille est à table. C'est à ce moment que la mère demande à son fils :

- Dis-moi mon cœur, c'est quoi l'histoire que tu voulais me raconter tout à l'heure ?

– Ah oui… Alors, je disais : Maman, à midi, alors que tu étais à ton bureau, papa, il est venu à la maison avec une dame. Il l'a déposé sur ton lit et il lui a fait comme le voisin te fait tous les samedis quand papa va au foot !

7	3	9	4		6	8		
1		2		7			4	
		5			8		2	
						6	7	
			3		5			
	9	4						
	4		8			1		
	5			4		2		8
		8	2		1	4	6	3

Roissy en chiffres

169 000 passagers passent par cet aéroport tous les jours, soit **61,6 millions** en un an !

En tout, **180 compagnies** différentes desservent **315 villes** de par le monde.

À **4 h 30** le premier vol atterrit, le plus souvent en provenance de Tokyo.

23 h 59 sonne le départ du dernier départ des longs courriers.

15 km de pistes :

celles réservées à l'atterrissage mesurent **2 700 mètres**, contre **4 200 mètres** pour celles concernant le décollage.

86 000 salariés travaillent sur les **3 257 hectares** que compte Roissy, dont **1 100 hectares** de prairie de fauchage.

Quand on y est, on ne sait plus où on est.
Il peut devenir un impénétrable rideau,
Bien qu'il ne soit fait que d'eau.

De quoi s'agit-il ?

Réponse :
le brouillard.

On doit le jour de l'An à Charles IX !

À l'âge de 14 ans, Charles IX a pris une drôle de décision : le changement d'année se ferait dans la nuit du 31 décembre au 1er janvier, partout en France.

Cela nous paraît tout à fait normal aujourd'hui. Mais avant 1564, **le Nouvel An se fêtait à Pâques**, le jour de la résurrection du Christ. C'était un peu périlleux, car le jour de Pâques étant le premier dimanche suivant le 21 mars, la date changeait chaque année. Ajoutons à cela que certaines régions, telles que le Poitou, le Lyonnais ou la Normandie, préféraient **changer d'année à Noël**, on obtenait un joli bazar !

Heureusement que Charles IX a existé !

Comment fabriquer son propre produit lave-glace

Avoir une voiture est une source de frais sans fin… Alors on ne lésine pas sur les économies !

Que diriez-vous de ne plus avoir à acheter de liquide lave-glace ?

Intéressant, non ?

Deux solutions s'offrent à vous :

– Dans 2 litres d'eau, ajoutez 10 gouttes de liquide-vaisselle et 3 cuillères d'alcool à brûler.

– Pour 1 litre de produit, mélanger 20 cl de vinaigre à 80 cl d'eau.

À vous de choisir la préparation qui vous sied le mieux. Une fois prête, vous n'avez qu'à doucement la verser dans l'emplacement réservé au lave-glace de votre voiture. Vos vitres seront propres et sans aucune trace !

DocForYou : un stéthoscope dans votre smartphone

Avec la facilité des recherches sur internet, au moindre souci de santé, nous avons tous le même réflexe : taper ses symptômes sur le Net pour tenter de deviner quelle maladie nous affecte. Le plus souvent, on tombe sur des maladies très effrayantes et on angoisse.

Avec DocForYou, fini les tracas !

Vous renseignez vos symptômes de façon interactive (en cliquant sur un mannequin à l'endroit où vous avez mal), vous répondez à quelques questions et **l'appli vous donne la maladie la plus probable dont vous pourriez souffrir**. Vous pouvez également taper le nom d'une maladie pour en connaître les symptômes et évaluer votre probabilité d'en être atteint.

Vous pouvez également sauvegarder votre carnet de santé, ainsi que ceux de votre famille. Pas de panique à avoir quant à ces données sensibles, elles sont cryptées à un niveau égal à celui d'une banque.

Évidemment, cette application ne remplace en aucun cas un rendez-vous chez votre médecin habituel.

DocForYou – Disponible sur iPhone, iPod Touch et iPad – **Gratuit**

SI LA CORNE
DE RHINOCÉROS
EST UN PUISSANT
APHRODISIAQUE,
POURQUOI CETTE
ESPÈCE EST-ELLE
EN VOIE
D'EXTINCTION?

Top 5 des fautes d'orthographe que l'on fait sans le savoir

5 - On n'écrit pas "quelque soit"...

... mais plutôt "quel que soit".

4 - On n'écrit pas "à priori"...

... mais "a priori".

3 - On n'écrit pas "autant pour moi"...

... mais "au temps pour moi".

2 - On n'écrit pas "parmis" et "malgrés"...

... mais "parmi" et "malgré".

1 - On n'écrit pas "si j'aurais"...

... mais "si j'avais".

Le jeune Bonnard étala ses courses au salon.

LE JEUNE CONNARD ÉTALA SES BOURSES AU SALON.

Nénette et Francisco sont contents.

Ils ont quitté leur campagne natale pour quelques jours à la capitale et tant qu'à y être, ils ont décidé de se rendre à un vernissage (en plus, ça rendra tous leurs potes jaloux !). À l'intérieur, ils s'arrêtent devant un tableau sur lequel sont dessinés trois hommes très noirs, nus, assis dans l'herbe d'un parc.

Deux ont le pénis noir et le troisième a le pénis rose.

Le couple semble tout à coup très embarrassé.

L'artiste s'approche du couple :

– C'est moi qui l'ai peint. Je peux peut-être répondre à l'une de vos questions…

– Euh… Nous aimons beaucoup votre peinture, mais nous ne comprenons pas pourquoi elle représente trois Africains assis dans un parc…, lâche Francisco.

– En plus, celui du milieu a un pénis rose, alors que les deux autres ont le pénis noir !, s'exclame Nénette.

– Ce ne sont pas des Africains, ce sont des mineurs de fond ! Et celui du milieu est rentré déjeuner chez lui !

SÉLECTION D'INFOS VRAIES...

que vous aurez pourtant du mal à croire !

Le cœur d'une baleine est si grand qu'un homme pourrait nager dans ses artères.

LES ÊTRES HUMAINS ONT 50 % DE LEUR ADN EN COMMUN AVEC CELUI DES BANANES.

On doit le prénom Jessica à Shakespeare et à sa pièce Le Marchand de Venise.

VOTRE VERRE D'EAU A QUASIMENT 100 % DE CHANCE DE CONTENIR AU MOINS UNE MOLÉCULE AYANT UN JOUR TRAVERSÉ LE CORPS D'UN DINOSAURE !

L'Arabie saoudite importe des chameaux d'Australie.

UN BÉBÉ SUR 5000 NAÎT SANS ANUS. LES MÉDECINS DOIVENT ALORS LEUR EN CRÉER UN.

Toutes les deux minutes, on fait autant de photos que les hommes n'en ont fait au XVIIIe siècle !

NEW YORK SE SITUE PLUS AU SUD QUE ROME.

La société Nintendo est née en 1889. Elle commercialisait alors des jeux… de cartes !

LE LAIT DES HIPPOPOTAMES EST ROSE.

IL Y A PLUS D'ÉTOILES DANS L'ESPACE QUE DE GRAINS DE SABLE SUR TERRE.

La France guillotinait encore des hommes quand le premier Star Wars est sorti au cinéma.

IL PLEUT DES DIAMANTS SUR SATURNE ET JUPITER.

Il s'est écoulé plus de temps entre la construction des pyramides et l'époque de Cléopâtre, qu'entre Cléopâtre et l'invention de l'iPhone.

UNE TORTUE PEUT RESPIRER PAR L'ANUS.

**44 % des
974 000 000 utilisateurs
de Twitter n'ont jamais
envoyé le moindre tweet !**

Et seulement

13 % des utilisateurs

de ce réseau social
ont envoyé plus de

100 tweets.

Saviez-vous que Patricia Kaas doit son premier disque à Gérard Depardieu ? C'est en effet lui qui l'a produite en 1987. Le moins que l'on puisse dire, c'est que « Jalouse » n'a pas tout à fait eu le succès escompté...

Le WEB du WCB

Excités pour pas cher !

Vous êtes régulièrement amené à manger au restaurant, et il vous est complètement impensable de terminer votre repas sans un café ? Alors, rendez-vous vite sur ***CafesIllimites.com***.

Le principe est simple : vous vous abonnez pour la durée de votre choix (1 mois à 6,99 €/mois, 3 mois pour 17,50 €, 6 mois pour 34,90 €, ou 1 an à 69,90 €). Ensuite, vous cherchez un restaurant partenaire qui soit proche de vous et

vous vous y rendez pour un déjeuner

(ou un dîner, d'ailleurs !). Une fois votre repas terminé, vous montrez votre page d'abonné au restaurateur, qui vous offrira votre « petit noir ».

Le service n'est disponible que sur Paris pour l'instant… Mais sachant que le café s'y paie 2 euros en moyenne, l'affaire risque d'être rapidement rentabilisée !

www.cafesillimites.com

Moves pour que tu bouges !

Plus le temps passe et plus on nous encourage à manger mieux et à se dépenser davantage au quotidien. Pour connaître précisément combien de pas vous faites chaque jour, (que vous marchiez simplement pour vous rendre à votre travail ou que soyez en pleine session sportive),

Moves est une application qui mesure votre activité en permanence.

Le soir venu, vous lancez

Moves

pour connaître précisément votre dépense quotidienne. Vous pouvez également rentrer vos informations personnelles (sexe, taille et âge) pour savoir exactement combien de calories vous avez dépensées.

Et pas d'inquiétude pour votre batterie, même si l'application tourne toute la journée, elle a été pensée pour être le moins énergivore possible !

Moves – Disponible sur iPhone, iPad – **2,69 €**
Gratuit sur Android

Avez-vous déjà remarqué à quel point les cheveux de l'actrice **REESE WITHERSPOON** sont toujours impeccables et brillants ?
Son secret a été percé : elle laisse sa chevelure graisser plusieurs jours avant une soirée importante. Une technique qui lui offre une belle tenue et une brillance à toute épreuve !

LA FRANCE AURAIT PU AVOIR UN PRÉSIDENT NOIR !

Et oui, nous avons bien failli marquer l'Histoire bien avant les États-Unis et l'élection de Barack Obama !

GASTON MONNERVILLE A ÉTÉ LE PREMIER HOMME NOIR AU POSTE DE PRÉSIDENT DU SÉNAT, ET CE, PENDANT 21 ANS !

Il était donc le 2e personnage de l'État, juste après le président de la République. En octobre 1968, il quitte son poste.

Six mois plus tard, Charles de Gaulle démissionne de la présidence de la République. Le président du Sénat assure donc l'intérim en attendant les élections. Il s'agit d'Alain Poher, le successeur de Gaston Monnerville !

Michel, maçon italien depuis une trentaine d'années, arrive au couvent où on l'attend pour refaire un mur. Il demande à son collègue, Pedro, de bien vouloir informer les religieuses qu'ils vont attaquer les travaux.

Pedro s'en va remplir son devoir :

– Bonjour ma sœur ! Zé viens faire la mour...

- Mais monsieur !
Il n'en est absolument pas question !
Malotru !

Pedro retourne donc voir son chef :

– Elle a dit non.

– Comment ça « elle a dit non » ?

– Z'ai dit : « Bonjour ma sœur !
Zé viens faire la mour... » et elle m'a répondu :
« Non, mal au trou » !

Pour désemboîter deux verres coincés l'un dans l'autre,

inutile de forcer. Versez de l'eau très chaude dans le verre du haut, pendant que celui du bas trempe dans de l'eau très froide.

Grâce à la différence de température, vous pourrez récupérer vos deux verres facilement.

Les lapins mangent trop et toussent péniblement.

LES LATINS MANGENT TROP ET POUSSENT PÉNIBLEMENT.

TOP 5 des habitudes bizarres des grands génies

5 – Honoré de Balzac buvait 50 cafés par jour.

4 – Agatha Christie ne travaillait jamais assise derrière un bureau.

3 – **Chaque matin, Beethoven comptait les 60 grains nécessaires pour son café quotidien...**
Autant dire qu'il l'aimait très serré !

2 – Benjamin Franklin passait toutes ses matinées sans aucun vêtement !

1 – Marcel Proust se levait très tôt, toujours entre 3 heures et 6 heures du matin. Son rituel était toujours le même : **une dose d'opium, un café et un croissant !**

Source : *Daily Rituals : How Great Minds Make Time, Find Inspiration And Get To Work, Mason Currey*

Mais à qui appartient le mont Blanc ?

La France et l'Italie se battent depuis le XIXe siècle pour savoir à qui appartient le mont Blanc.

Pour les Français, il appartient sans hésitation à notre territoire. De l'autre côté de la frontière, on pense que la limite se situe tout en haut du massif.

Les écoliers français et italiens apprennent donc que le mont Blanc est le point culminant de leur pays...

D'où la difficulté, aujourd'hui, à se mettre d'accord pour ces deux nations européennes !

Les meilleurs tweets

Si on pouvait remplacer les batteries d'iPhone par un enfant de 5 ans niveau énergie, elles dureraient plus longtemps.

J'imagine que c'est monsieur Duçon qui a inventé la cédille…

Je cherche des mocassins pointure 56 ! C'est pour un mariage en grandes pompes.

J'en ai plein le cul de votre vulgarité. Ça me casse les couilles.

Hommage : le dernier poilu est mort, il y a 3 ans. Gillette reste sur la liste des suspects.

L'OM est la plus grande équipe du monde. On m'a aussi demandé d'écrire que ni moi ni ma famille n'avons subi aucune menace pour ce message.

CAMÉRA CACHÉE

Les acteurs de séries les mieux payés au monde

(ndlr : les montants donnés sont ceux gagnés par les acteurs pour un épisode)

15 - Ed O'Neill, jouant le rôle de Jay Pritchett

dans *Modern Family* : **200 000 dollars**

14 - Bryan Cranston, jouant le rôle de Walter White

dans *Breaking Bad* : **225 000 dollars**

13 - Claire Danes et Damian Lewis, jouant les rôles de Carrie Mathison et Nicholas Brody dans

Homeland : **250 000 dollars**

12 - Stephen Moyer, Anna Paquin et Alexander Skarsgard, jouant les rôles de Bill Compton, Sookie Stackhouse et

Eric Northman dans *True Blood* : **275 000 dollars**

11 - Jon Hamm, jouant de rôle de Don Draper

dans *Mad Men* : **275 000 dollars**

10 - Michael C. Hall, jouant le rôle de Dexter

dans la série éponyme : **300 000 dollars**

9 - Véronique Genest, jouant le rôle de Julie Lescaut dans la série du même nom : **340 000 dollars**

8 - Mimie Mathy, jouant le rôle de Joséphine Delamarr dans *Joséphine Ange Gardien* : **340 000 dollars**

7 - Simon Baker, jouant le rôle de Patrick Jane dans la série *Mentalist* : **350 000 dollars**

6 - Patrick Dempsey, Ellen Pompeo, Sandra Oh, jouant les rôles de Derek Shepherd, Meredith Grey et Cristina Yang dans *Grey's Anatomy* : **350 000 dollars**

5 - Jim Parsons, Johnny Galecki, Kaley Cuoco, jouant les rôles de Sheldon Cooper, Leonard Hofstadter et Penny dans *The Big Bang Theory* : **350 000 dollars**

4 - Mariska Hargitay, jouant le rôle d'Olivia Benson dans *New York police judiciaire* : **400 000 dollars**

3 - Mark Harmon, jouant le rôle de l'agent spécial Leroy Jethro Gibbs dans *NCIS* : **525 000 dollars**

2 - Jon Cryer, jouant le rôle de Alan Jerome Harper dans *Mon oncle Charlie* : **650 000 dollars**

1 - Ashton Kutcher, jouant le rôle de Walden Schmidt dans *Mon oncle Charlie* : **750 000 dollars**

Sandrine, prise d'un fort élan de romantisme, se confie à son mari :

– Oh mon chéri, comme je t'aime !

Je voudrais tellement que tu sois le père de mes enfants...

– Mais je suis déjà le père de tes trois enfants !

– À ce sujet, faut que je te dise…

Le WEB du WCB

Au panier… chez le voisin !

Avoir un animal à la maison, c'est super… Mais bonjour les contraintes ! Dès que l'on veut s'absenter le temps d'une escapade,

le casse-tête est toujours le même : qui va garder les animaux ?

La voisine est bien sympa, mais c'est un peu lourd de lui demander régulièrement de s'occuper de nos charmantes bêtes…

Heureusement, ***Animal Futé*** est arrivé sur le marché ! Le principe est simple, vous inscrivez votre animal sur ce site et le décrivez brièvement. Vous trouvez une personne qui accepterait de le garder le temps de votre absence… Et vous vous engagez à en faire de même quand elle aura besoin de vous.

Seul bémol : il vous faudra débourser 30 € pour entrer en contact avec les autres propriétaires d'animaux.

Saviez-vous que le Chat de Philippe Geluck est né le jour de la mort d'Hergé ?

SE SERRER LA PINCE ?

Lorsque l'on salue quelqu'un en lui serrant la main, on peut dire que l'on s'est « serré la pince ».

Oui, mais pourquoi ?

À partir du XVIIe siècle, on pouvait utiliser l'expression « pince » pour désigner l'une des extrémités du corps : les mains, comme les pieds. D'où l'apparition de « se serrer la pince ».

Énigmes

Vous êtes enfermé dans une pièce. Il n'y a pas de fenêtres et la porte est fermée. Du sol au plafond, toutes les surfaces sont recouvertes de miroirs. Il n'y a rien d'autre que vous dans cette pièce quelque peu spéciale.

Combien de réflexions de vous-même voyez-vous ?

Réponse :

aucune puisqu'il n'y a aucune source de lumière.

Films : à chacun sa vitesse !

La mode est au timelapse depuis un petit moment, alors il est amplement temps de vous y mettre aussi ! **Pour les novices, sachez que le timelapse est une vidéo très accélérée.** Vous en avez certainement vu : le soleil se lève ou se couche très rapidement, ou des nuages qui se déplacent anormalement vite.

Pour vous initier à cet art cinématographique, le plus simple est de télécharger

iMotion HD

Dotée d'un design classieux, cette appli n'aura très rapidement plus de secrets pour vous ! Vous pouvez choisir à quel intervalle les photos seront prises : d'une photo par seconde à une photo par jour. **Une fois votre film tourné, vous pourrez choisir la vitesse à laquelle il sera vu et supprimer des images, si nécessaire.** Libre à vous ensuite de garder votre production pour vous, de la partager sur les réseaux sociaux ou par mail.

Gros avantages de cette application sur les autres :
– elle permet également de faire du stop motion
– toutes les images sont prises en qualité maximale.

Bémol : l'application est gratuite… jusqu'au moment où l'on veut enregistrer cette vidéo. Il vous faudra alors vous acquitter de la modique somme de 79 cts, une pécadille au vu de la performance d'**iMotion HD**

iMotion HD – Disponible sur iPhone, iPod Touch et iPad – **Gratuit**

La malheureuse rêvait que des Scythes la bernaient !

LA MALHEUREUSE RÊVAIT QUE DES BITES LA CERNAIENT !

FACEBOOK : LA FOLIE D'UN PARI...

Daniel Shaw a fait le pari de rencontrer ses 730 amis *Facebook* en moins d'un an lors d'une discussion avec son cousin.

CET ANGLAIS DE 38 ANS A DONC POUR DÉFI DE RENCONTRER AU MOINS DEUX DE SES « AMIS VIRTUELS » PAR JOUR S'IL VEUT MENER À BIEN SA MISSION.

Par ce biais, il compte lever des fonds pour la MNDA, une association en faveur de la recherche sur la sclérose latérale amyotrophique, une maladie neurologique grave dont le beau-père de sa femme est atteint.

POURQUOI NICOLAS HULOT EST-IL MARIÉ, ALORS QU'IL EST PLUTÔT DU STYLE À NE VIVRE QUE DES AVENTURES ?

Quel est le point commun entre une femme enceinte, une bière ayant explosé dans un congélateur et une pizza carbonisée ?

À chaque fois, un mec ne l'a pas sortie à temps !

Les remèdes de grand-mère pour soulager les piqûres de moustiques

En été, on a beau aller n'importe où, on n'est jamais à l'abri d'une piqûre de moustique... Cela n'est jamais bien douloureux, mais qu'est-ce que ça peut nous démanger ! Voici quelques astuces pour repousser ce besoin irrépressible de se gratter :

– Frottez quelques feuilles de persil sur votre piqûre pendant une quinzaine de secondes, puis laissez la zone touchée à l'air libre pendant une heure.

– Approchez le plus possible une cigarette allumée de la piqûre.

Vous allez ressentir une sorte de picotement. Laissez la cigarette aussi proche que possible jusqu'à ne plus ressentir cette sensation.

– Si vous êtes dans la nature, cueillez trois feuilles

d'espèces différentes que vous trouverez à vos pieds. Frottez-les contre votre piqûre jusqu'à apaisement de la démangeaison.

– Appliquez une compresse de vinaigre, blanc si possible, sur votre piqûre et attendez que celui-ci fasse effet.

– Coupez un oignon en deux et frottez la face interne contre la piqûre.

– Vous pouvez également jeter 4 grosses pincées de sel dans un petit verre d'eau. Mélangez pour que le sel se dissolve au maximum, puis trempez un linge ou un mouchoir dans le verre. Appliquez ensuite cette compresse sur votre piqûre et attendez que la démangeaison disparaisse.

– Si vous n'avez peur de rien, vous pouvez également mélanger un demi-litre d'huile et une bouteille de concentré de citron. Mélangez bien et appliquez directement sur la peau. Le citron repoussera la plupart des moustiques et si l'un d'eux joue les téméraires, il ne pourra pas se poser sur vous à cause de l'huile qui le fera glisser !

Le saviez-vous ?

Le tout premier sondage

Le premier sondage au monde a été réalisé par George Gallup. Après avoir interrogé un échantillon de 5 000 personnes, il prédisait la réélection de Franklin Roosevelt à la tête des États-Unis.

Grande révolution pour ce sondage :

les Américains choisis étaient représentatifs de la population de leur pays.

De leur côté, la plupart des journaux ayant effectué des enquêtes auprès de leur lectorat avaient annoncé la victoire d'Alfred Landon.

Après la réélection de Franklin Roosevelt, la réputation de George Gallup n'était plus à faire, et cette technique de sondage a été adoptée par tous !

JE CHERCHE MADAME CACA...
MADAME PIPI
AH

Chaque seconde,

117 oiseaux

meurent sous les griffes d'un chat aux États-Unis.

Chaque jour, la reine d'Angleterre reçoit

165 lettres.

MON GRAND-PÈRE
EST MORT.
MON PÈRE
EST MORT.
EST-CE
HÉRÉDITAIRE ?

Les meilleurs tweets

Mes meilleurs amis sont dans un cimetière. Ils disaient : « Entre nous, c'est à la vie, à la mort. » J'ai exaucé leur vœu.

Les personnes qui respirent l'intelligence me pompent l'air.

Iy a 2,5 million de persone en France qui son dans une situassion d'iletrisme.

Jésus a toujours su marcher sur l'eau jusqu'à ce qu'il ait des trous aux pieds.

Ils se croivent meilleurs que moi en conjugaison.

Si je télécharge illégalement un film en Jamaïque, suis-je considéré comme un Pirate des Caraïbes… ??

Lamborghini enfin accessible aux pauvres !

Vous avez toujours rêvé de conduire de grosses cylindrées, sans jamais en avoir eu les moyens ? Nous avons peut-être trouvé une solution économique pour vous ! Téléchargez

XLR8

(prononcez Accelerate !) sur votre smartphone.

Vous allez pouvoir choisir entre cinq moteurs très connus et facilement reconnaissables à l'oreille : le V8, le NASCAR, celui d'une Ford GT40, d'une Ferrari ou encore d'une Lamborghini.

Une fois installé dans votre voiture, connectez votre téléphone à votre autoradio et lancez l'application.

Grâce à l'accéléromètre de **XLR8**, vous aurez l'impression de conduire une voiture d'exception.

Fidèle, le bruit du moteur va s'adapter à vos accélérations, vos freinages et même vos virages. Les amateurs pourront aussi s'amuser à paramétrer l'application en détail pour un rendu encore plus proche de la réalité.

XLR8 – Disponible sur iPhone, iPod Touch, iPad et Android – **Gratuit**

Le chirurgien britannique

SIMON BRAMHALL

a peut-être l'âme d'un artiste… C'est en tout cas ce qu'on peut supposer en apprenant que ce médecin a signé un foie qu'il avait lui-même transplanté. Sachant qu'il avait déjà transplanté plus de 4 000 personnes, on peut aisément penser que de nombreuses personnes se baladent avec les initiales **SB** sur le foie !

Christian rentre en courant dans la gendarmerie de Nantua, la sous-préfecture de l'Ain.

Hors d'haleine, il s'adresse au militaire derrière son comptoir :
– Mettez-moi vite en prison, monsieur ! J'ai tiré à trois reprises sur ma femme avec mon Magnum !
– Et elle est morte ?
– Vous croyez vraiment que j'aurais besoin de me réfugier chez vous en courant si elle était morte ?!?!?

Qu'est-ce qu'elle a ma gueule ?

Vous avez toujours rêvé de prendre la place d'Obama ? Aujourd'hui, rien de plus simple grâce à

Face Substitution !

Une fois connecté, autorisez le site à accéder à votre webcam. Cliquez sur start et attendez qu'il identifie vos traits.

Cette courte étape accomplie,

il ne vous reste plus qu'à choisir la personnalité qui vous fait rêver :

de Terminator à Audrey Hepburn, en passant par Barrack Obama, la Joconde, Chuck Norris ou Walter White de *Breaking Bad*, tout est possible !

Enjoy!

http://auduno.github.io/clmtrackr/

On vous a menti, ce n'est pas la Seine qui coule à Paris !

Depuis tout petit, vous savez que c'est la Seine qui traverse à Paris. Eh bien, **sachez qu'on vous ment depuis tout ce temps !** Triste, n'est-ce pas ?

Avant d'aller plus loin, il faut savoir que lorsque deux fleuves se retrouvent, on estime que c'est celui ayant le débit le plus faible qui se jette dans l'autre. Une règle très simple.

C'est à Montereau-Fault-Yonne que la Seine retrouve l'Yonne. Ici, la première a un débit de 80 m^3/seconde, contre 93 m^3/seconde pour la seconde. **En résumé, c'est la Seine qui se jette dans l'Yonne.**

Techniquement, ce n'est donc pas la Seine qui serpente dans Paris, mais bel et bien l'Yonne !

JEUX

MOTS MÊLES

Spécial toilettes

Saurez-vous retrouver chacun des mots cachés dans ce tableau ? Les mots peuvent être écrits horizontalement, verticalement et à l'envers.

Mots à trouver :

1) DÉSODORISANT
2) SMARTPHONE
3) CIGARETTE
4) CLEARBLUE
5) MAGAZINES
6) TOILETTES
7) CANARDWC
8) DIARRHÉE
9) CUVETTE
10) LAVANDE
11) LUNETTE
12) ROBINET
13) URINOIR
14) BLOCWC
15) BROSSE
16) CHASSE
17) LAVABO
18) LIVRES
19) PAPIER
20) WCBOOK
21) JAVEL
22) SAVON
23) TEMPS
24) TRÔNE
25) PQ
26) WC

JEUX

O	B	A	V	A	L	O	P	X	H	V	A	I	I	G	C	M	E
E	D	N	A	V	A	L	W	B	F	G	X	E	K	M	I	W	T
E	S	S	O	R	B	C	L	E	A	R	B	L	U	E	G	C	T
X	D	V	P	C	H	A	S	S	E	X	Q	Y	J	J	A	C	E
F	W	B	L	O	C	W	C	H	I	S	D	N	Q	C	R	M	V
I	A	M	A	G	A	Z	I	N	E	S	V	S	F	T	E	T	U
E	E	H	R	R	A	I	D	L	I	V	R	E	S	Y	T	A	C
D	M	I	D	E	S	O	D	O	R	I	S	A	N	T	T	G	M
Q	P	R	J	Q	R	O	B	I	N	E	T	J	C	B	E	Z	G
A	V	F	C	B	F	T	S	M	A	R	T	P	H	O	N	E	W
R	E	I	P	A	P	N	A	D	B	X	D	C	L	C	O	A	C
L	E	V	A	J	G	B	Z	D	Z	W	R	Y	D	A	Q	U	B
T	T	E	M	P	S	B	B	I	U	B	B	R	F	X	N	G	O
E	T	T	E	N	U	L	Q	M	N	J	F	D	O	U	T	L	O
C	A	N	A	R	D	W	C	I	R	U	H	S	Q	O	E	A	K
S	E	T	T	E	L	I	O	T	H	K	O	G	Q	F	T	C	F
N	O	V	A	S	N	X	O	C	T	R	O	N	E	E	I	L	H
E	W	R	M	Q	V	X	U	R	I	N	O	I	R	S	I	W	S

Pourquoi dit-on...

EN AVOIR SA CLAQUE ?

Si à la fin de la journée, votre collègue vous dit qu'elle en a sa claque, elle ne fait absolument pas référence à un quelconque geste de violence, elle en a tout simplement assez.

Dans cette expression, la claque n'a jamais été un synonyme de gifle.

On trouve son explication en Picardie. Là-bas, une claque est une bonne mesure de lait. « En avoir sa claque » veut donc dire que l'on en a amplement assez et que plus, cela deviendrait trop.

TOP 5 des meilleures façons de déstresser

5 - Think different.

Le stress n'est rien de plus qu'une pensée. Souvent, on crée une montagne à partir de bien peu de choses. Sachez prendre du recul et appréhender le problème sous un angle différent. Apprenez à voir le verre à moitié plein, en somme.

4 - Respirer.

On a tous tendance à se contenter d'une respiration superficielle. Prenez le temps d'inspirer et expirer profondément 8 fois. Vous vous sentirez bien mieux !

3 - Prenez un bain.

Faites-vous couler un bon bain, bien chaud, et ajoutez-y quelques gouttes d'huile de lavande pour une détente absolue.

2 - Bouger.

L'un des meilleurs moyens de se débarrasser du stress et de le « brûler ». Dépensez-vous comme vous le souhaitez (danse, jogging, natation…), mais suez !

1 - Dormir.

Plus on est fatigué, et plus on a tendance à stresser.
Souvenez-vous : une bonne nuit, c'est 8 heures de sommeil.

Source : *Huffington Post*

Humour

Cet après-midi, c'était le grand jour pour l'USO, l'équipe de rugby d'Oyonnax qui a récemment accédé au TOP 14. Après ce match décisif, les dés seront jetés et on saura enfin si elle pourra se maintenir au meilleur niveau ou si elle devra redescendre en Pro D2.

Francisco, qui n'a pas pu se rendre au stade à cause de son travail, a tout prévu en enregistrant la rencontre. En rentrant chez lui, il s'adresse à sa femme :

– Je vais regarder le match de l'USO. Si jamais tu connais le résultat, ne me dis rien !

J'ai fait exprès de ne pas allumer la radio et de ne pas décrocher mon téléphone pour garder le suspense !

– T'inquiète pas Minou, je ne vais rien te dire ! J'aurais bien trop peur de t'annoncer cette mauvaise nouvelle moi-même… !

Jo, le forgeron, est en difficulté avec un morceau d'acier incandescent. C'est alors que Max, le mage, passe par là et lui lance : « Si tu me donnes un écu d'or, je le lèche. » Forcément, Jo n'y croit pas. Il lui sort donc un écu d'or et attend de voir ça avec impatience. Le mage tient son pari haut la main, sans même se brûler.

Comment est-ce possible ?

Réponse :
le mage a léché l'écu.

Le saviez-vous ?

L'homme de Néandertal parlait !

Son os hyoïde, indispensable au langage, ressemble comme deux gouttes d'eau à celui que nous possédons tous aujourd'hui.

ET SI VOUS LÉGUIEZ VOTRE PEAU TATOUÉE ?

C'est en tout cas la drôle de proposition faite par Peter van der Helm, un tatoueur d'Amsterdam. Chacun de ses clients peut décider de lui léguer la partie de son corps qu'il aura tatouée auparavant. Pour quelques centaines d'euros, un processus d'embaumement au silicone assurera à ces œuvres la postérité.

« TOUT LE MONDE PASSE SA VIE À CHERCHER L'IMMORTALITÉ ET C'EST UNE MANIÈRE SIMPLE DE L'OBTENIR… UN PEU… »,

a expliqué le tatoueur.

Dans les faits, un pathologiste viendra prélever le tatouage dans les 48 heures suivant le décès du donneur et le plongera dans du formol. Un laboratoire néerlandais se chargera ensuite de remplacer l'eau du tatouage par du silicone.

Au moment où nous écrivons, une trentaine de clients a déjà décidé de léguer leur peau à Peter van der Helm.

PROCHAINE ÉTAPE, L'EMPAILLAGE HUMAIN ?

Le WEB du WCB

Carrot Mob pour voir la vie en vert

Vous avez envie d'un monde plus vert et moins pollué, mais vous ne savez guère comment vous y prendre alors que vous êtes tout seul ? Rejoignez la communauté ***CarrotMob*** et donnez du poids à votre engagement sans vous ruiner.

Leur leitmotiv peut se résumer en quelques mots : ***« la carotte, pas le bâton »***. L'équipe démarche des gérants de boutiques, de bars et de restaurants. Elle leur propose d'attirer un maximum de monde dans leur commerce pendant un laps de temps décidé ensemble. En contrepartie, ***le gérant s'engage à utiliser au moins 50 % de la recette pour devenir plus écologique,*** en changeant ses ampoules pour des versions basse consommation, en installant de panneaux solaires, en remplaçant des radiateurs très énergivores par des chauffages écologiques… Un contrat est signé entre les deux parties, et ***Carrot Mob*** s'engage à veiller au respect de l'engagement.

En somme, un engagement écologique simple, facile et gagnant-gagnant !

www.carrotmob.fr

		6					9	
		8		6		5	2	
4	9		7		3			
7	5					3	8	
9								1
	8	4					7	9
			6		4		3	5
	3	9		5		8		
	4					1		

Un mets & un vin

Vous êtes un épicurien qui aime les plaisirs des bons repas et des vins raffinés, mais vous êtes incapable de savoir quel vin boire avec une salade de crudités ou un hachis parmentier ?

Un mets & un vin

a été créée pour vous.

Grâce à une ergonomie simple, vous allez devenir un sommelier hors pair !

Que vous soyez au restaurant, à la maison ou au supermarché, vous ne ferez plus de fautes de goût impardonnables ! Plus encore, vous pourrez même abandonner votre valeur sûre (un côtes-du-rhône ?), pour vous adonner aux plaisirs des nombreuses variétés que compte notre beau pays !

Un mets & un vin – Disponible sur iPhone, iPod Touch, iPad et Android – **Gratuit**

VOUS NE POUVEZ PAS ALLER FAIRE VOS SALOPERIES AILLEURS, NON ?!

Humour « Special Geek »

Quel est le point commun entre un geek et un vampire ?

Tous les deux craignent le soleil !

Hackeur vaillant, rien d'impossible !!!

Pourquoi ne trouve-t-on pas de geek le 4 avril ?

Tout simplement parce que 4/04 not found…

- Un geek ne dort pas, il passe en mode veille.

Humour « Special Geek »

Il y a 20 ans, Marc était enfant. Il rêvait de devenir écrivain. Il voulait écrire des choses qui allaient donner des émotions, faire pleurer, s'énerver et révolter ses lecteurs... Il a réussi : il rédige les messages d'erreur pour Microsoft.

Quelle est la différence entre une informaticienne en robe et une informaticienne en short ?

Le temps d'accès...

Humour « Special Geek »

C'est une blonde et un geek qui viennent de faire l'amour. Le lendemain, chacun raconte la soirée avec les copains et copines.
La blonde raconte :
- Il m'a portée dans ses bras, et puis il m'a assise sur le bureau, et puis il a commencé à soulever ma jupe, puis à enlever ma culotte...
Les blondes en cœur :
- Ah bon, tu portes une culotte ?

Le geek fait de même avec ses autres potes geeks :
- Voilà, je l'embrasse, je commence à la caresser, je la porte sur le bureau, juste à côté de son ordinateur...
Les geeks en cœur :
- Ah bon, elle a un ordinateur ? Elle a quel processeur ?

Humour « Special Geek »

Deux amies discutent :

- T'as Facebook ?
- Non.
- T'as Twitter ?
- Non.
- T'as WhatsApp ?
- Non.
- Bah, t'as quoi ?
- J'ai une vie !
- Yeah ! Tu me la passes pour que je joue à Candy Crush ?

– CALL OF DUTY EST LE SEUL ENDROIT OÙ LES GEEKS PEUVENT TIRER UN COUP !

QUELLE DIFFÉRENCE EXISTE-T-IL ENTRE WINDOWS ET UN CLOU ?

Aucune ! Les deux sont prévus pour planter !

La religion dans le monde

59 %

de la population mondiale
est croyante,

23 %

reconnaissent ne pas croire
en une religion,

et

13 %

se définissent comme
complètement athées.

Mais au fait, pourquoi on s'embrasse ?

Que l'on cherche à séduire quelqu'un ou que l'on soit en couple depuis quelque temps, l'envie est la même : on veut s'embrasser ! Très bien, mais pourquoi ?

Heureusement pour nous, des scientifiques se sont penchés sur la question, et notamment Rafael Wlodarski, de l'Université d'Oxford. Trois raisons principales sont avancées. Le baiser permettrait de :

– faire durer une relation,

– connaître la qualité des gènes de son partenaire,

– augmenter l'excitation entre deux personnes.

Une étude scientifique a démontré que ceux qui vivent une relation longue durée pensent que tous les baisers sont importants. **A contrario, les personnes préférant des histoires plus courtes n'attachent une pleine attention à leurs baisers qu'avant de passer à l'acte.** Les baisers pendant et après sont donc beaucoup moins importants pour eux.

Un point qui les rapproche des personnes se jugeant fort séduisantes. Ces dernières accordent une attention toute particulière aux premiers baisers. S'ils ne sont pas à la hauteur de leur sex appeal, ils préféreront directement aller voir ailleurs.
Vous voilà prévenus !

Source : *Archives of Sexual Behavior*

Les meilleurs tweets

La rentrée approche : dans les rayons éducation civique, les manuels valsent.

Alors, Michel-Ange regarda son œuvre au plafond de la chapelle Sixtine et dit : « Si avec ça on donne pas mon nom à une Tortue Ninja… »

C'est mon jour de solidarité avec les vieux. Comme eux, je ne vais pas aller travailler en attendant la mort.

J'aime pas insulter les gens.
C'est pour ça que je ne dirais rien sur cette connasse.

Ça m'aurait fait mal au cul d'être enfant de chœur.

J'ai découvert le secret pour devenir riche. Pour le connaître, envoyez-moi un billet de 500 euros.

LE PREMIER CAS MONDIAL D'ORGASME DU PIED

Une femme assurait ressentir **AU MOINS SIX ORGASMES QUOTIDIENS** venant de… son pied ! Une nouvelle bien déconcertante pour les scientifiques. Le Dr Marcel D. Waldinger a finalement compris que, suite à une opération de son pied gauche, le cerveau de sa patiente interprétait les stimulations du pied comme si elles provenaient de son vagin !

Soyez encore plus beaux grâce à Mamie

Dans notre course effrénée à la beauté, on remplit nos salles de bain de produits de beauté, souvent très chers. Pour éviter cela, faites appel aux astuces de grand-mère pour être les plus beaux naturellement – et sans vous ruiner !

– La muscade contre les boutons

Il n'y a rien de plus disgracieux qu'un bouton mal placé, n'est-ce pas ? Pour éviter cela, versez un peu de lait froid dans un récipient. Ajoutez-y de la noix de muscade râpée jusqu'à obtenir une pâte. Appliquez celle-ci sur

vos zones à problèmes… qui ne devraient rapidement plus en être !

– Démaquillant maison

L'astuce est connue depuis longtemps, mais ça ne fait pas de mal de la rappeler. Pour créer votre propre démaquillant, mélanger le jus d'un citron à un yaourt nature. Une fois bien mélangé, conserver votre produit dans un récipient fermé au frais, pendant une semaine.

– *Masque anti-fatigue*

Vous êtes un peu trop sorti ces derniers temps et votre mine s'en ressent ? Pas de panique ! Faites chauffer 50 cl de lait. Une fois tiède, ajoutez un sachet de levure et mélangez jusqu'à obtenir une pâte. Posez-la sur votre visage et attendez 10 minutes avant de la retirer.

Votre visage aura retrouvé son éclat d'antan naturellement !

– *Contre le duvet*

Vous êtes brune, plutôt mignonne mais vous vous focalisez sur votre duvet au-dessus de la lèvre ? Une méthode naturelle existe pour le faire disparaître. Imbibez un coton de démaquillage de jus de citron et passez-le sur votre duvet. Cette opération est à renouveler matin et soir. Résultat garanti !

L'Atelier Cocktail

Une soirée se profile chez vous à l'improviste ?
Vous craignez de ne pas avoir le nécessaire pour contenter vos invités ?

Laissez **L'Atelier Coktail**

vous prouver que vous avez tort ! Indiquez-lui ce que vous possédez et voyez les cocktails que l'appli vous propose.

Si vous préférez un alcool précis, vous pouvez également lister tous les cocktails possibles en contenant. L'appli s'occupera même de vous préparer une liste de courses en fonction de votre choix.

Sachez que tous ces cocktails ont été élaborés par les barmen du Regina à Paris.

Après avoir bien profité de votre soirée, vous pourrez tester votre niveau d'alcoolémie, donné à titre indicatif. S'il est trop élevé, elle vous proposera d'appeler un taxi, qui vous retrouvera facilement grâce à la géolocalisation.

L'Atelier Cocktail – Disponible sur iPhone, iPod Touch, iPad et Android – **Gratuit**

DE DERRIERE LES FAGOTS ?

Quand on veut parler d'une idée étrange et sortie de son contexte, l'on peut dire qu'elle est sortie « de derrière les fagots ». Idem pour un vieil objet sorti d'on ne sait où.

Sachez que cette expression est née au XVIIIe siècle, une époque à laquelle l'on faisait vieillir son vin en cave, derrière les fagots de bois entreposés toute l'année pour se chauffer en hiver.

Lors de grandes occasions, l'on sortait les meilleurs vins, donc les mieux cachés derrière les fagots.

Au fil du temps, le sens de cette expression a évolué pour avoir le sens qu'on lui connaît aujourd'hui.

Pourquoi cette moue quand je vous parle de labyrinthe ?

POURQUOI CETTE MAIN QUAND JE VOUS PARLE DE LA BIROUTE ?

Votre journée de travail était détestable à souhait ? Vous avez besoin de décompresser ?

Voici une petite méthode à appliquer dès que le besoin s'en fait sentir.

En sortant du travail, faites un détour par la pharmacie avant de rentrer chez vous. Demandez un thermomètre rectal de la marque Johnson & Johnson. Oui, la marque est très importante ! Rentrez chez vous.

Une fois à l'intérieur, fermez toutes les portes à clef pour ne pas être dérangé. Éteignez votre téléphone. Installez-vous confortablement dans votre pièce favorite. Inspirez et expirez doucement pour vous détendre au maximum.

Ouvrez la boîte contenant le thermomètre rectal. Sortez-en le mode d'emploi et lisez très attentivement la dernière ligne :

« Chaque thermomètre rectal fabriqué par Johnson & Johnson est testé personnellement. »

Maintenant, fermez les yeux et répétez 5 fois : « Je suis ravi de ne pas travailler au service contrôle de qualité chez Johnson & Johnson » !

Saviez-vous que l'on doit nos couteaux aux bouts arrondis au cardinal de Richelieu ?

Ne supportant plus de voir ses invités se curer les dents avec la pointe de ses couteaux, il a ordonné que ces derniers soient limés ! Évidemment, toute l'aristocratie l'a suivi, entraînant ainsi une nouvelle mode… Encore d'actualité sur nos tables aujourd'hui !

UN DÎNER PRESQUE PARFAIT

VOUS N'Y CROIREZ PAS, MAIS VOUS AVEZ DÉJÀ MANGÉ :

– DES SÉCRÉTIONS ANALES DE CASTOR

– de l'antigel pour voiture

– du gazole

– des poils humains

– du sable

Incroyable, n'est-ce pas ?

TOUS CES PRODUITS SONT UTILISÉS DANS LES PRODUITS ALIMENTAIRES QUE VOUS POUVEZ ACHETER EN SUPERMARCHÉ !

Le castor dispose d'une glande entre le pénis et l'anus. On en extrait un liquide pour remplacer l'arôme de vanille dans certains plats. On le trouve sous le nom de « castoreum ».

Dans l'industrie agroalimentaire, l'antigel se nomme « Propylène Glycol ». Il est utilisé comme texturant alimentaire dans certaines vinaigrettes.

On retrouve du gazole dans certains produits sous le nom de « Butylhydroquinone tertiaire » (TBHQ). Il est très présent dans les chewing-gums, les nuggets de poulets et les biscuits apéritifs.

LES POILS HUMAINS SONT UTILISÉS COMME EXHAUSTEURS DE GOÛT, sous l'appellation « L-Cystéine ».

Le sable se nomme dioxyde de silicium sur les étiquettes de supermarché. On s'en sert pour empêcher l'agglutinement des aliments et en contrôler l'humidité.

Allez, bon appétit, hein !

Comparatif entre un Français moyen et un coureur du Tour de France

Comparé à un Français moyen,
les cyclistes ayant participé à au moins

1 Tour de France :

- vivent **6,3 ans** de plus
- ont une mortalité générale plus basse pour **41 %**
- **sont 33 % de moins à décéder d'une maladie cardio-vasculaire**
- ont **44 %** moins de chance de mourir d'un cancer…
- … et **72 %** moins de chance de mourir d'une maladie respiratoire.

Le WEB du WCB

Coursera.org pour enfin faire Harvard !

Vous avez toujours rêvé de suivre les cours d'une prestigieuse université, mais la vie en a décidé autrement ? Vous l'avez longtemps et amèrement regretté ? Sachez qu'il n'est jamais trop tard ! Il vous suffit d'avoir une connexion internet et de vous rendre sur ***Coursera***. Là, vous trouverez les cours en ligne d'Harvard, d'HEC Paris, de Normale Sup' ou encore de Yale ! Que demander de plus ?

Les meilleurs professeurs du monde dans votre salon.

Et en plus, c'est gratuit ! Énorme bonus, en étant assidu, vous obtiendrez un certificat reconnu par toutes les entreprises et donc ***très bon pour le CV !***

Vous n'avez pas fini d'entendre parler des Moocs, pour Massive Open Online Courses. Non seulement, ils permettent d'avoir les cours les plus pointus et complets au monde, mais en plus, ils vont permettre à des écoles sans grands moyens d'ouvrir leurs portes en proposant la crème des cursus !

www.coursera.org

Humour

Emma a subtilisé le portable de sa sœur Juliette. De nature très curieuse, elle se jette évidemment sur l'échange de textos concernant Brice, le petit ami de Juliette :

Brice :

Tu sais bébé, des fois pendant la nuit, j'ai tellement envie de t'appeler et de te dire à quel point je t'aime... <3

Juliette : C'est trop mignon !... mais pourquoi tu ne le fais pas ? <3

Brice : Parce que j'entends toujours une voix qui m'en empêche...

Juliette : Ah... Et elle te dit quoi cette voix, mon cœur ?

Brice : Cher client, le solde de votre crédit d'appel est insuffisant...

Le TOP 10 des phrases incroyables de Zlatan Ibrahimovic

10 – « Je suis Zlatan, mais vous, vous êtes qui putain ? »

9 – Journaliste « Qu'est-ce que votre femme a eu pour vos fiançailles ? »
Zlatan : « Qu'est-ce qu'elle a eu ? Elle a eu Zlatan ! »

8 – « J'étais une Ferrari, conduite comme une Fiat. »

7 – « Une Coupe du Monde sans moi, je ne la regarderais pas ! »

6 – « Ma biographie, c'est seulement le deuxième livre que je lis de toute ma vie. »

5 – « J'aime humilier mon adversaire, ça fait partie de ma conception du jeu. »

4 – Le journaliste : « Zlatan, vous avez des marques de griffures sur le visage. Que vous est-il arrivé ? »
Zlatan : « Je sais pas… Demande à ta femme ! »

3 – « J'ai deux fils. Les vrais hommes font des hommes. »

2 – « Seul Dieu sait… Vous lui parlez en ce moment. »

1 – « Je suis le nord, je suis le sud, je suis l'est et je suis l'ouest. Je suis Zlatan Ibrahimovic. »

Source : *Minutebuzz.com*

IL RETROUVE SON BRAS... 50 ANS APRÈS !

Nguyen Quang Hung était un combattant de la guerre du Vietnam quand il a été blessé par balle en 1966. À cause de la gangrène, Sam Axelrad, alors jeune médecin américain, décide d'amputer le soldat pour le sauver. Ses collègues s'emparent du bras, enlèvent la chair et reconnectent les os grâce à des fils.

QUAND SAM QUITTE LE PAYS, IL PART AVEC CE BRAS DANS SES BAGAGES.

Récemment, il a pu revenir au Vietnam. Il a alors découvert que Nguyen Quang Hung était toujours vivant ! Il s'est démené pour pouvoir rendre à l'homme, aujourd'hui âgé de 74 ans, cette partie de son corps. L'ancien soldat a déclaré qu'il allait entreposer cette relique dans une vitrine, installée dans son salon !

Le soleil n'est pas jaune !

En réalité, le soleil est blanc.

Si nous le voyons jaune, c'est uniquement parce que l'atmosphère de la terre agit comme un filtre qui ne laisse passer que certaines couleurs. Cette même atmosphère bloque principalement le bleu, ce qui nous permet de voir le ciel de cette couleur.

Le blanc étant la somme de toutes les couleurs du spectre lumineux, si on lui soustrait le bleu, on obtient du jaune : la couleur du soleil.

C.Q.F.D.

Pourquoi dit-on...

QUE LA VIE NE TIENT QU'A UN FIL ?

On le sait, la vie passe très vite et un rien peut nous faire trépasser. Mais pourquoi dit-on que « la vie ne tient qu'à un fil » ?

Cette expression fait référence à la mythologie romaine.

Ceux qui ont vu le dessin animé Hercule devraient rapidement comprendre de quel extrait il s'agit.

Les *Tria Fata* sont trois sœurs divines. Elles ont le droit de vie et de mort sur chacun des mortels :
– Clotho, avec sa quenouille, tient le fil de nos vies,
– Lachésis doit placer ce fameux fil sur un fuseau,
– Atropos peut couper ce fil quand bon lui semble.

Nul ne sait quand elle le fera. D'où l'expression que nos vies ne tiennent qu'à un fil !

L'essence au meilleur prix

Avoir une voiture est un véritable gouffre financier et le prix de l'essence y est pour beaucoup ! D'autant plus que le cours de cette dernière grimpe sans cesse...

Pour faire un maximum d'économies, téléchargez l'application

Essence Free

Grâce à son fort réseau communautaire,

les prix des pompes à essence sont vérifiés plusieurs fois par jour,

pour un résultat précis.

Bref, une appli utile en ces temps de crise !

Essence Free – Disponible sur iPhone, iPod Touch et iPad – **Gratuit**

On la tourne pour avancer. Mais quand on l'est, Cela signifie que l'on est branché.

Qui est-elle ?

Réponse : la page.

Les meilleurs tweets

J'ai joué à l'Euromillion et je n'ai pas encore vu les résultats. Si ça se trouve, je vous emmerde bande de cons, sinon à demain mes amours !

Une araignée incontinente ne se sent plus tisser.

Je me demande comment les mimes déposent leur texte à la SACD ?

Deux morts retrouvés dans un appartement à Bastia. Malheureusement, ce n'était pas un appartement-témoin...!!!!!

Thomas Fabius a acheté une cuisine de 500 mètres^2 ! Il fallait bien ça pour ranger toutes les casseroles de la famille.

1,2 million de sachets d'aspirine de contrefaçon en provenance de Chine saisis au Havre... À la douane, c'est l'effervescence.

Le Festival de Cannes en chiffres

En moyenne, le budget du Festival de Cannes s'élève à **20 millions d'euros,** dont 10 millions d'aides publiques.

Le nombre de films présentés a considérablement augmenté au fil des ans :

– **510** films en **1994**
– **667** films en **1998**
– **999** films en **2006**
– **1 068** films en **2011**

Les films primés qui n'ont pas connu le succès pour autant :

Les meilleures intentions, de Bille August, avec **91 503 entrées** (en France).

Oncle Boonmee (celui qui se souvient de ses vies antérieures), d'Apichatpong Weerasethakul, avec **124 472 entrées**.

Le Goût de la cerise, d'Abbas Kiarostami, avec **161 507 entrées**.

L'Éternité et un jour, de Theo Angelopoulos, avec **169 575 entrées**.

Ces messieurs dames, de Pietro Germi, avec **178 000 entrées**.

Les films n'ayant pas eu besoin de « palme » pour trouver leur public :

La Vie est belle, de Roberto Benigni, avec **4 673 727 entrées.**

Shrek, d'Andrew Andamson et Vicky Jenson, avec **4 026 000 entrées.**

Des hommes et des dieux, de Xavier Beauvois, avec **3 127 861 entrées.**

The Artist, de Michel Hazanavicius, avec **3 064 873 entrées.**

Un Prophète, de Jacques Audiard, avec **2 300 407 entrées.**

Les films qui ont eu une « palme » et qui ont marché quand même :

Le Salaire de la peur, d'Henri-Georges Clouzot, avec **6 944 306 entrées**.

Le Troisième Homme, de Carol Reed, avec **5 718 254 entrées**.

Quand passent les cigognes, de Mikhaïl Kalatozov, avec **5 414 031 entrées**.

Apocalypse now, de Francis Ford Coppola, avec **4 734 000 entrées**.

Le Monde du silence, de Louis Malle et de Jacques-Yves Cousteau, avec **4 640 159 entrées**.

Humour

Germain a 92 ans. Depuis son départ en retraite il y a 32 ans, il joue au golf chaque jour. C'est une véritable passion pour lui. Un jour, il rentre chez lui complètement découragé.

« J'arrête tout ! »,

dit-il à sa femme. « J'abandonne le golf ! Ma vue est devenue si mauvaise… Lorsque je frappe la balle, je n'arrive plus à voir où elle va !

– Mais, j'ai une solution ! Pourquoi n'emmènes-tu pas mon frère avec toi au golf pour essayer une dernière fois ?

– Ton frère ? Mais il a 104 ans ! Il ne peut pas m'aider !

- Il a peut-être 104 ans, mais il a une vision parfaite !

Le lendemain, Germain se rend donc au terrain de golf avec son beau-frère. Il place sa balle sur le tee, s'élance, frappe, puis cherche la balle au loin. Il se tourne vers son beau-frère :

– As-tu vu où est allée ma balle ?

– Bien sûr que je l'ai vue ! Ma vision est parfaite !

– Excellent ! Où est-elle ?

– M'en rappelle plus…

ÇA, C'EST LE PETIT JÉSUS QUI FAIT PIPI !
OK, RENTRONS AVANT QU'IL NE FASSE AUTRE CHOSE !

Le saviez-vous ?

L'Ardèche

est le seul département en France métropolitaine à n'avoir aucune gare de voyageurs ! Les Ardéchois doivent donc emprunter les bus de la SNCF s'ils veulent parcourir leur département en transports en commun.

BESOIN DE MOTIVATION ?

Parfois, il nous manque un peu d'élan pour mener à bien un projet… On a tendance à se démotiver dès les premiers échecs rencontrés… Avant d'abandonner, lisez donc la suite :

STEVEN SPIELBERG A ÉTÉ RECALÉ 3 FOIS À SES ÉTUDES DE CINÉMA.

5 maisons d'édition ont refusé de publier Harry Potter.
19 éditeurs ont refusé Le Guide du Routard !
26 éditeurs ont refusé à Tim Ferris sa Semaine de 4 heures.

301 BANQUES ONT RI AU NEZ DE WALT DISNEY ET DE SON IDÉE DE PARC À THÈME.

1000 essais ont permis à Edison de « ne pas » faire une ampoule avant de trouver comment en faire une.

2000 TENTATIVES SONT NÉCESSAIRES À UN BÉBÉ POUR RÉUSSIR SES PREMIERS PAS.

5126 prototypes ont permis à James Dyson de créer l'aspirateur sans sac.

Vous pouvez déchirer cette page et l'afficher dans votre salle de bain pour être plein d'entrain chaque matin !

Le commandant a perdu son escadrille et s'est écrasé sur les Pouilles.

LE COMMANDANT A PERDU SON ESPADRILLE ET S'EST ÉCRASÉ SUR LES COUILLES.

L'*happy hour* à toute heure

Happy City

est à destination de tous ceux qui en ont marre de payer leur bière trop chère. L'application va vous géolocaliser et vous informer sur toutes les *happy hours* en cours autour de vous.

Vous pourrez ainsi profiter de prix avantageux sans tourner en rond à la recherche de l'établissement qui sauvera votre soirée...

surtout en fin de mois !

Happy City – Disponible sur iPhone, iPod Touch et iPad – **Gratuit**

Le WEB du WCB

Rentabilisez votre voiture à l'aéroport !

Quand on part en vacances en avion, le principal problème tourne généralement autour de la voiture. Si l'on ne trouve personne pour se faire déposer à l'aéroport, on s'apprête à ajouter une jolie somme au budget vacances : le prix du parking.

CarNomise vous propose non seulement de ne pas payer le parking, mais en plus de gagner de l'argent !

Le principe est simple : vous laissez votre voiture dans le parking gratuit de l'entreprise (surveillé 7 jours/7 et 24 h/24), qui se charge de le louer en votre absence. Un membre du personnel vous déposera devant votre terminal et viendra vous y chercher à votre retour. Aucune inquiétude à avoir en cas d'accident ou de vol, c'est l'assurance de ***CarNomise*** qui est engagée.

Bref, un contrat gagnant-gagnant !

Pourquoi grossit-on quand on arrête de fumer ?

Beaucoup de fumeurs se cachent derrière la peur de grossir quand on leur demande pourquoi ils ne veulent pas arrêter la clope… Il faut croire qu'ils n'ont pas complètement tort puisqu'en moyenne,

une personne qui arrête de fumer prend 4,7 kg.

Peu réjouissant dans une société qui nous incite chaque jour à rester minces !

Jusque-là, nous pensions que c'était les mauvaises habitudes alimentaires prises pour pallier au manque de nicotine qui nous faisait grossir… Mais ça, c'était avant l'étude du Fonds national suisse pour la recherche scientifique ! Ainsi, ce n'est pas parce qu'ils mangent plus d'aliments caloriques que les anciens fumeurs prennent du poids, mais plutôt parce que

leur flore intestinale se modifie…

Les nombreuses bactéries de leur intestin évoluent tellement qu'elles apportent un peu trop d'énergie au corps de l'ancien fumeur. Résultat : il grossit.

Les meilleurs tweets

J'ai peur d'avoir un jour des problèmes avec la brigade des stups car à la banque j'ai un compte joint.

Mourir, c'est passer d'un temps complet à un temps par ciel ?

Il faut être soie avant de se demander d'où on est tissu.

À chaque fois que je fais une blague sur les handicapés moteurs, elle ne marche pas !

À la maison de retraite de mon grand-père, il y a 698 pensionnaires. Pardon 697… Euh… 696… 695… 694… Mince, Pépé ! 693…

J'ai beau donner de l'argent à ma femme, elle refuse toujours de faire l'amour. J'ai l'impression de me faire baiser…

Marie s'adresse à Sophie, sa collègue de travail :

– J'ai une de ces migraines aujourd'hui !

- Moi, quand j'ai mal à la tête, je fais une fellation à mon mari, ça me dégage les sinus et mon mal de crâne disparaît quasi instantanément…

– Ah bon ? lui répond Marie. Je vais faire comme toi alors.

Le lendemain matin, Marie arrive en retard au bureau, haletante. Sophie lui demande :

– Alors Marie ? Ça a l'air d'aller mieux ce matin !

– Oh oui… beaucoup mieux ! Ce matin, j'avais encore la migraine et j'ai fait comme tu m'as dit. Tu avais raison ! Au fait, c'est très joliment décoré chez toi !

PEOPLERIES

LES RECONVERSIONS DE STARS LES PLUS RÉUSSIES

Oscar Wilde disait : « Il faut toujours viser la lune, car même en cas d'échec, on atterrit dans les étoiles. » De nombreuses stars s'y sont fortement accrochées pour voir leurs visages placardés dans tous les couloirs de métro et sur la Une des magazines. Mais avant d'en arriver là, il faut bien manger et payer son loyer…

Petit tour d'horizon des premiers métiers des célébrités.

Après avoir été analyste financier et professeur de droit constitutionnel, **Barack Obama** est devenu le premier président noir des États-Unis.

Karine Lemarchand a été chauffeur de maître avant de devenir l'animatrice de L'Amour est dans le pré.

Julia Roberts était vendeuse de chaussures avant de devenir la Pretty Woman que l'on connaît tous !

Jean Dujardin était serrurier avant de devenir notre Loulou national, et de décrocher un Oscar outre-Atlantique.

Lady Gaga a été serveuse et gogo danseuse avant de devenir la chanteuse ayant vendu des dizaines de millions d'albums de par le monde.

Florence Foresti a été graphiste avant de déchaîner les rires de milliers de Français.

Olivier Marchal faisait partie de la grande famille de la police de 1982 à 1994, avant de devenir réalisateur de films... policiers !

Valérie Damidot a loué des motoneiges et travaillé dans un bar à salades avant de refaire les intérieurs de nombreux Français dans D&Co.

Brad Pitt a été homme-sandwich (déguisé en poulet !), avant d'être sacré l'homme le plus sexy du monde et de tourner dans plus de 50 films.

François-Xavier Demaison était fiscaliste à NewYork, avant de tout plaquer pour devenir humoriste.

PEOPLERIES

George Clooney a été coupeur de feuilles de tabac pour 3 dollars de l'heure !

Harrison Ford était charpentier sur un tournage de **George Lucas** quand ce dernier lui a demandé de donner la réplique à un acteur. C'est ainsi qu'il a fait ses premiers pas au cinéma !

Jennifer Aniston a été factrice avant de décrocher le rôle de Rachel dans la série Friends… tout comme **Steve Carell**, l'acteur de 40 ans, toujours puceau.

Johnny Weissmuller a été 5 fois champion olympique de natation avant de devenir le premier Tarzan au cinéma.

Anna Gavalda a été prof, fleuriste, et assistante vétérinaire avant de devenir l'une des écrivaines préférées des Français.

Guy Carlier était directeur financier avant d'avoir une chronique quotidienne sur France Inter.

VEUILLEZ ATTACHER VOTRE CEINTURE...

LES EMPLOYÉS DE NESPRESSO PRENNENT-ILS DU PLAISIR À LA PAUSE CAFÉ ?

TOP 15 des artistes les plus chers en concert en France

15 – **Patrick Bruel** : 68 euros

14 – **Kanye West** : 69 euros

13 – **Nolwenn Leroy** : 70 euros

12 – **Eminem** : 72 euros

11 – **Lady Gaga** : 73 euros

9 ex aequo – **Britney Spears et Björk** : 78 euros

8 – **Johnny Hallyday** : 95 euros

7 – **Mireille Mathieu** : 96 euros

6 – **Mylène Farmer** : 105 euros

5 – **Madonna** : 122 euros

4 – **Michael Bublé** : 139 euros

3 – **Céline Dion** : 205 euros

2 – **Elton John** : 249 euros

1 – **Barbra Streisand** : 551,50 euros

Saviez-vous que Sopalin n'est pas le nom du génial inventeur de l'essuie-tout ? « Sopalin », c'est tout simplement le nom d'une marque déposée à l'INPI par la SOciété du PApier-LINge !

UN CAMBRIOLEUR CONFONDU… PAR SON OREILLE !

On sait tous que les policiers disposent d'un énorme fichier d'empreintes digitales… Mais saviez-vous que l'on pouvait également confondre un individu grâce à l'empreinte de son oreille ? Lasha K. l'a appris à ses dépens.

Le jeune SDF de 26 ans avait pris la mauvaise habitude de cambrioler des appartements lyonnais pour subvenir à ses besoins. Pour s'assurer qu'il était bien vide, il collait toujours son oreille à la porte d'entrée ; ce qui lui permettait de s'assurer d'un silence signifiant que les lieux étaient vides de leurs occupants. Arrêté en flagrant délit, l'homme refuse de reconnaître la vingtaine de cambriolages que la police lui impute. Cette dernière décide d'imiter ses confrères suisses, et relève l'empreinte de ses oreilles. Car oui, chaque pavillon auditif est unique !

Il est ainsi passé d'une vingtaine de cambriolages supposés, à plus de 80 délits pour lesquels il a été condamné.

Même si

75 % des Français

ont déjà entendu parler
de l'hépatite C, plus de

70 % de la population

n'a jamais pensé à se faire
dépister.

Résultat, plus de

40 % des porteurs du virus

sont des personnes
qui s'ignorent.

Un antipelliculaire maison et pas cher

Vous avez déjà testé nombre de pseudo-produits anti-pelliculaires, mais rien n'y fait, vos épaules sont toujours recouvertes d'un tapis blanc… (sans parler de la démangeaison !).

Pour éviter ces désagréments, faites confiance à Mamie

et mélangez 2 cuillères à soupe de vinaigre blanc et 3 d'eau. Appliquez le mélange obtenu sur votre cuir chevelu, recouvrez-le d'une serviette et au dodo ! Le lendemain matin, lavez-vous les cheveux comme d'habitude et le résultat devrait déjà se voir !

Autre recette, le yaourt nature !

Non, ce n'est pas une blague. Après votre shampooing habituel, répartissez un yaourt sur votre cuir chevelu. Laissez poser une quinzaine de minutes et rincez à l'eau claire.

Vous nous en direz des nouvelles !

Le garagiste demande à la cliente :

- Comment avez-vous crevé ce pneu madame ?

– Oh, bêtement… en roulant sur une bouteille d'alcool.

– Vous ne l'aviez pas vue ?

– Ben non…

L'homme l'avait dans sa poche !

TOP 5 des idées reçues (ou non !) pour lutter contre le froid

5 - On résiste mieux au froid si nos ancêtres ont vécu dans le nord.

C'est vrai et ça a été prouvé par le généticien Douglas C. Wallace, de l'Université de Californie. Avoir des ancêtres ayant vécu dans le nord nous permet de bénéficier de mutations génétiques très utiles en plein hiver !

4 - La majeure partie de notre chaleur s'échappe par la tête.

Faux. On perd 7 à 10 % de notre chaleur par la tête, certes. Mais c'est tout simplement le pourcentage du volume qu'occupe notre tête par rapport à notre corps.

3 - Pour ne pas avoir froid, il faut boire une boisson chaude.

Si vous buvez un chocolat ou un vin chaud, votre langue va signifier à votre corps qu'un élément chaud arrive. Ce dernier va donc activer votre transpiration, soit sa manière à lui de vous refroidir… **rester humide dans le froid n'est pas franchement la meilleure manière de se réchauffer !** Privilégiez donc une boisson froide afin que vos vaisseaux sanguins se resserrent et vous réchauffent réellement !

2 - Les hommes ont moins froid que les femmes.

Vous l'avez déjà sans doute remarqué, les femmes ont plus facilement froid… et les hommes galants se voient alors dans l'obligation de retirer leur veste pour couvrir leurs frêles épaules. Et c'est vrai. La température des hommes est un peu plus élevée que celles des femmes. Tout simplement parce qu'ils ont, généralement, plus de muscles que les femmes. Ces derniers produisant de la chaleur, il est donc normal qu'ils aient moins froid.

1 - Boire de l'alcool réchauffe.

Ce n'est pas en vous enivrant que vous vous réchaufferez réellement. Certes, vous aurez cette sensation, car vos vaisseaux sanguins vont se dilater et envoyer du sang chaud vers votre épiderme. **Mais sur le long terme, l'alcool sera un obstacle pour votre corps dans sa lutte contre le froid.** Préférez plutôt une boisson ou un plat contenant du gingembre, une racine connue pour augmenter la température du corps !

Source : *Huffington Post*

Nos bonnes Applis

Taxiloc : partagez votre taxi

Vous en avez marre de payer un prix exorbitant pour le moindre de vos déplacements en taxi ? Alors téléchargez rapidement l'application

Taxiloc !

Cette dernière vous permet d'entrer en contact avec d'autres particuliers intéressés par le même trajet. Vous fixez un rendez-vous et voyagez ensemble. À l'arrivée, le prix est divisé entre tous les passagers. En résumé,

un bon exemple de covoiturage urbain.

(Et en plus, c'est bon pour la planète !)

Une application qui se révèle très intéressante lorsque l'on veut, par exemple, partir du centre-ville pour se rendre dans un aéroport !

Taxiloc – Disponible sur iPhone, iPod Touch, iPad et Android – **Gratuit**

Le WEB du WCB

Jet Li, votre nouveau professeur

Que diriez-vous d'un petit cours de taï chi donné par Jet Li ? Intéressant, non ? Alors rendez-vous vite sur ***Taiji Zen*** ! L'acteur est un grand amateur d'arts martiaux, qu'il pratique à un niveau très élevé… ce qui lui a permis de jouer dans de nombreux films, à l'image de *Roméo doit mourir* ou *L'Arme Fatale 4* !

Depuis quelques mois, Jet Li a ouvert sa propre école de taï chi : la Taiji Zen.

Mais attention, pas question de se déplacer au fin fond de la Chine pour profiter de ses conseils !

Son online academy permet d'apprendre cette technique millénaire en restant chez soi, via des vidéos explicatives. D'autres grands maîtres donnent également des cours, selon 9 niveaux. Il vous faudra 3 ans minimum pour venir à bout du programme, ce qui vous coûtera 350 dollars au total.

Bonne nouvelle : si vous voulez simplement tester ce service avant de vous engager, sachez que le premier niveau, d'une durée d'un mois, est totalement gratuit !

www.taijizen.com

	5	4		7			3	
	3	1	6	5				
			2					
3						6		
	2	7	5	9	6	1	4	
		6						7
					5			
				8	9	2	7	
	9			4		3	8	

Le monoï ne sert pas à bronzer !

Tous les étés, la même odeur parvient à nos narines : une odeur douce, avec des notes de noix de coco, de vanille et de soleil… Et oui, la demoiselle à côté de vous s'est enduit le corps de monoï. De grâce, rendez-lui service (et faites lui gagner du temps) : expliquez-lui que non, le monoï ne lui permettra pas de bronzer davantage !

À Tahiti, chaque famille a sa propre recette de monoï, qu'elle garde jalousement et ne partagerait pour rien au monde avec sa voisine ! Mais là-bas,

on ne s'en sert pas que l'été.

Non, on s'en sert tous les jours ! Les femmes en appliquent sur la peau, pour qu'elle soit douce, et sur les cheveux, pour qu'ils brillent. Cette huile est également utilisée sur les bébés. Leurs mamans les massent pour qu'ils dorment bien… Et les adultes ne sont pas en reste, puisque le monoï est l'huile utilisée pour les massages polynésiens !

Bref, on peut se servir tous les jours du monoï de manière diverse et variée… Mais jamais pour renforcer l'intensité ou la couleur du bronzage !

Quand ils partent
à la guerre :
– une armada en
comporte trois.
– un bataillon en a deux.
– un commando
n'en a qu'un seul.
– un régiment n'en
a pas du tout.

De quoi s'agit-il ?

Réponse :
la lettre A.

WC

Trucs et Astuces

Conseils pour ne plus payer vos billets d'avion au prix fort

Vous pensiez détenir la bonne solution en vous connectant à des comparateurs en ligne de billets d'avion ? Sachez que vous étiez sur la bonne voie... Mais il vous reste quelques petites astuces à découvrir !

– Se connecter aux bonnes heures

Sachez que la plupart des sites marchands modulent leurs frais de réservation en fonction de l'heure. Si vous achetez un billet d'avion entre 21 heures et minuit, alors vous êtes au cœur des heures pleines. Vous allez donc payer le prix fort (x 2 si vous prenez un aller-retour !).

Pensez plutôt à vous connecter entre 4 et 6 heures du matin.

Vous serez en heures creuses. Vous pourrez même avoir la très agréable de découvrir des frais de réservation s'élevant à... 0 euro !

– Repérez les prix les moins chers et passez directement par le site de la compagnie

Que vous partiez en train ou en avion, le mieux est bien sûr de vous connecter à un comparateur en ligne. Il vous renseignera sur les prix les plus bas. Ensuite,

rendez-vous directement sur le site de la compagnie pour réserver vos billets.

Vous éviterez ainsi frais de dossier et de réservation, le plus souvent très élevés, des comparateurs en ligne.

– *Attention au yield management*

Le yield management est une optimisation du chiffre d'affaires selon les capacités disponibles. Autrement dit,

le prix d'un billet va changer en fonction du remplissage de l'avion.

Des algorithmes vont donc s'assurer que chaque vol soit le plus rentable possible. Avant de réserver, il vaut mieux prendre le temps de comparer plusieurs jours de départ (si possible) et différents horaires.

Astuce : si vous devez absolument réserver un billet au prix fort, essayez de prendre un aller-retour un jour de semaine à une heure de faible affluence. Vous aurez certainement la joie de découvrir que votre aller-retour sera d'un montant moins élevé que votre réservation initiale. N'hésitez pas à prendre ces deux vols, quitte à revendre le second billet ou à l'annuler juste après. Même avec des frais d'annulation, vous ne devriez pas être perdant !

– *Allez jusqu'au bout*

Si vous souhaitez comparer des prix de billets d'avion en ligne, pensez à bien aller jusqu'à la dernière étape de la réservation. Ainsi, vous ne découvrirez pas de frais de réservation, de suppléments pour bagage en soute ou toute autre taxe cachée, au dernier moment.

VOUS CONNAISSEZ AU MOINS UNE PERSONNE NÉE UN 23 SEPTEMBRE, N'EST-CE PAS ?

Pas étonnant puisqu'en France, c'est LE jour des naissances !

Explication : 23 septembre = dernière semaine de septembre. Une grossesse durant 9 mois, on calcule : dernière semaine de septembre - 9 mois et on obtient la dernière semaine de décembre. Et oui,

LES BONS REPAS, L'ALCOOL COULANT À FLOTS ET LES GROSSES SOIRÉES AIDENT À LA PROCRÉATION ;

que voulez-vous ?

Non, vous ne verrez plus jamais les parents de vos amis de la même façon...

La sonnerie de la porte d'entrée retentit.

Josiane ouvre la porte et tombe sur un homme portant une boîte à outils.

- Bonjour madame ! Je suis l'accordeur de piano !

– Mais je n'ai jamais appelé un accordeur de piano.

– Vous, non !

Mais vos voisins, si !

Le saviez-vous ?

Si vous ne souhaitez pas devenir dépendant à la caféine, il est recommandé de boire votre « petit noir » entre 9h30 et 11h30.

Pourquoi ? Parce que c'est le créneau horaire pendant lequel

votre corps est naturellement en pleine possession de ses moyens.

Il ne cherche donc pas de sources énergisantes extérieures.

Donc pas de dépendance.

Les meilleurs tweets

Les messages sur les paquets de cigarettes vont être remplacés par « L'achat de ce paquet peut vous faire mourir pauvre »

Je pensais que l'avortement était autorisé jusqu'aux 16 ans de l'enfant. La prochaine fois, je le saurai.

J'ai pris un taxi hier pour faire 3 km. Le chauffeur est en train de me dire qu'il n'a pas fait de détour.

3 jours qu'on a kidnappé ma femme.
Les ravisseurs veulent me verser une rançon pour que je la récupère.
Je suis pas homme à céder au chantage.

Une étude des frères Bogdanoff prouve que le nucléaire est sans risque sur le physique.

Aujourd'hui, j'ai des chances de gagner au poker avec une quinte de toux?

Pourquoi dit-on…

PASSER UNE NUIT BLANCHE ?

Lorsqu'une personne ne dort pas de la nuit (pour des raisons qui lui sont propres !), on dit d'elle qu'elle a passé une nuit blanche.

Cette expression provient du Moyen Âge. À cette époque, les hommes qui allaient se faire adouber chevalier devaient passer la nuit précédente dans une tenue blanche. Il leur était interdit de dormir, puisque

ces futurs chevaliers devaient passer la nuit à prier !

La rose est la fleur préférée de 36,2 % des Français.

SI ON EST SUR TERRE POUR AIDER SON PROCHAIN, POURQUOI LE PROCHAIN EST-IL SUR TERRE ?

Excuse-moi, on serait pas cousins ?

L'Islande est si petite que l'on peut rapidement se retrouver en présence d'un oncle, d'un cousin ou même d'un demi-frère… Embêtant lorsque l'on projette d'entretenir plus qu'une relation amicale avec un Islandais !

Il serait idiot d'entretenir la consanguinité dans un pays qui a déjà du mal à dépasser les 3 habitants au km^2 !

Pour faire face à cette épineuse question, trois ingénieurs locaux ont décidé de lancer une application :

IslandigaApp

Ils ont ainsi répertorié un arbre généalogique géant, contenant 720 000 branches !

Pour l'utilisateur, il suffit d'entrer le nom d'une personne pour savoir si elle a un quelconque lien de parenté. Si les deux personnes ont un Android (car cette application ne fonctionne pas sur iOS), elles peuvent connecter leurs smartphones et connaître le résultat instantanément.

IslandigaApp – Disponible sur Android – **Gratuit**

Humour

Un touriste traverse les États-Unis par la route 66.

Midi. Grosse faim. Il s'arrête dans un village typique.

Il y a là un tout petit snack. Il rentre commander un hamburger à la serveuse.

Le touriste aperçoit le cuisinier prendre un morceau de viande hachée, le coincer sous son aisselle et presser son bras pour lui donner la forme désirée.

Le touriste, horrifié :

– Mais c'est ignoble ce que vous faites ! Je n'ai jamais rien vu d'aussi dégoûtant !

La serveuse lui répond :

– Vous dites ça parce que vous ne l'avez pas vu préparer les donuts !

LE KETCHUP, C'EST BON POUR LA SANTÉ !

Avouons-le, bien peu d'entre nous ont une image positive du ketchup. Pourquoi ? Tout simplement parce qu'il est synonyme de junk food, donc de gras et de sucre, des ingrédients mauvais pour la santé.

Et pourtant, le ketchup est un ami qui vous veut du bien.

C'est en tout cas le message que veut faire passer Jean-Michel Cohen, dans son livre *Les 250 aliments santé et minceur* : « On a trop souvent mis l'accent sur le fait qu'il y a un peu de sucre ajouté, en oubliant que la tomate est un des plus puissants antioxydants qui existent, surtout quand elle est cuite. »
L'occasion de rappeler l'importance des antioxydants puisqu'ils permettent de limiter les risques de cancer et autres maladies cardiovasculaires !

JEUX

MOTS CROISÉS

Horizontalement

A – Droite géométrique – Bond
B – Actrice
C – Chanson de l'été – Boisson
D – Fatigué – Réfléchir
E – Étoile – Lutte Ouvrière
F – Réalisateur taïwanais – Déchet azoté
G – Radium – Les animaux y trouvent refuge
H – Formation – Enduit teinté
I – Interjection – En plusieurs actes
J – Mieux qu'un remord – Siens

Verticalement

1 – Rafraîchir
2 – Couleur capillaire – Boisson
3 – Dérangera
4 – Ami des golfeurs – Entreprendre
5 – Supermarché – Pas assez
6 – Entouré de mer – Note musicale – Domaine internet portugais
7 – Décente – Sert à mettre Paris en bouteille
8 – S'il est vert, il fera un bon pastis – Estoniens
9 – Personne discrète – Elle gratte
10 – Règle – Enchevêtrements de cercles

JEUX

	A	B	C	D	E	F	G	H	I	J
1						■				
2										
3					■					■
4				■						
5						■		■		
6				■					■	
7		■			■		■			
8						■				
9			■		■					
10							■			

Le WEB du WCB

« Bouger bouger » pas cher !

Ah Paris… ! Outre la réputation de ronchon que l'on colle aux Parisiens, la deuxième chose à laquelle on pense quand on songe à la capitale, c'est certainement le prix démesuré des sorties!

Si vous souhaitez

sortir à Paris sans vous ruiner sur plusieurs générations,

on vous conseille d'aller faire un tour sur ***BougerPasCher***! Vous y trouverez de nombreux bons plans, répartis en trois catégories :

– les pintes de bière à moins de 5 euros

– les cafés à moins d'un euro

– les brunchs à moins de 20 euros

De quoi vous faire plaisir raisonnablement, à toute heure du jour et de la nuit !

www.bougerpascher.fr

CONNAISSEZ-VOUS LE SLIP QUI SENT TOUJOURS BON ?

Quelques Français ont décidé d'innover... dans le slip ! Et ils se sont attaqués à un problème de taille, puisque leur sous-vêtement a un avantage sur tous les autres :

PLUS VOUS MARCHEZ, ET PLUS IL SENT BON !

Le secret du *Slip Français* ? Une senteur musc et poire encapsulée dans le tissu : plus le tissu frotte sur votre peau et plus l'odeur se répand.

Inconvénients : le prix (35 euros le slip et 40 euros pour le boxer) et le fait qu'il faille le laver à la main pour garder l'intensité de l'odeur.

Bref, cela reste un cadeau original et insolite !

Le saviez-vous ?

Si l'on vous dit que l'un des deux pôles du globe est plus froid que l'autre, vous auriez certainement tendance à penser qu'il s'agit du pôle Nord, n'est-ce pas ? Alors vous vous trompez.

En Antarctique, soit au sud, on a relevé une température de -89,2 °C ! Il faut dire que là-bas,

les rayons du soleil n'arrivent pas à percer l'épaisse couche de glace...

Contrairement à l'Arctique, où le soleil tend à passer dans l'eau et à réchauffer cette dernière.

Résultat, la banquise fond...

Un Breton doit tomber malade. On lui donne le choix entre Parkinson et Alzheimer.

Que choisit-il ?

Alzheimer. Il préfère oublier de payer son verre que de le renverser !

Chaque jour en France...

On mange **300 000 pots de Nutella**.

20 millions de lessives sont lancées.

Nous sommes **1 million à nous rendre chez le coiffeur**.

On fume **153 millions de cigarettes**.

On achète **327 000 déodorants**.

18 356 personnes visitent la Tour Eiffel.

On abandonne **548 animaux de compagnie**.

15 000 trains circulent.

On achète 3 698 friteuses, 6 027 voitures neuves, 9 205 aspirateurs, 511 000 shampooings et 32 millions de baguettes !

450 000 films sont téléchargés illégalement.

On échange **273 671 232 textos**.

15 000 personnes viennent voir la Joconde au musée du Louvre.

CACASTROPHE

Un couple a cinq enfants, prénommés Dorian, Reynald, Michel, Falbala et Solène.

Devinerez-vous le prénom de leur futur enfant ?

Réponse :
Lætitia, car les parents sont des mélomanes, et les prénoms de leurs enfants composent DO, RE, MI, FA, SOL et LA !

SI J'INVENTE
UN ACIDE
QUI DISSOUT
TOUT, DANS
QUOI VAIS-JE
LE STOCKER?

Les meilleurs tweets

Faites pas l'amour, faites la guerre…
Qu'on ait des jours fériés !

Ce matin, il y avait un mec étrange sur le bord de la route avec le pouce levé. Y'en a qui n'ont rien d'autre à foutre que de liker les voitures !

On devrait interdire le badminton féminin. C'est trop dangereux de laisser le volant à une femme.

« Qui se ressemble s'assemble ! »
Proverbe gay

Ce qui vous tue vous rend plus mort.

La jambe de mon oncle, bras de mon père, pied de mon cousin, les mains de ma sœur. Peut-on me reprocher de réunir les membres de ma famille ?

Pourquoi fumer nous empêche de dormir ?

Encore un nouveau grief à ajouter à la longue liste concernant la cigarette : cette dernière nous empêcherait de dormir correctement. C'est en tout cas la conclusion d'une étude menée par l'Université de Rochester sur des souris. Un groupe a été exposé à la fumée de cigarette, et l'autre non.

Résultat :

les souris « fumeuses » ont vu leur horloge biologique perturbée,

et notamment celle qui détermine le fonctionnement jour-nuit du corps (ndlr : l'horloge circadienne). Donc leur cycle de sommeil s'en voyait bouleversé et les animaux restaient dans une forme de passivité anormale.

Si vous aussi, vous passez une bonne partie de votre nuit à tourner en rond avant de trouver le sommeil, peut-être devriez-vous arrêter de fumer…

TOP 12 des meilleures bourdes de nos politiques

12 – « On dirait les jeux Paralympiques »,
Barack Obama, parlant de son jeu au bowling.

11 – « Le livre qui m'a le plus marqué ? Sans doute Zadig et Voltaire. Parce que c'est une leçon de vie. »,
Frédéric Lefebvre.

10 – « C'est difficile d'expliquer à des cons… heu à des… à des hommes et à des femmes, qui… euh… qu'une partie de leur sécurité se joue à 7 000 kilomètres de chez eux. »,
Hervé Morin.

9 – « Je voulais voir les Antilles de vive voix ! »,
Bernard Laporte.

8 – « La seule chose qu'ils ont faite pour l'agriculture européenne, c'est la vache folle […]. On ne peut pas faire confiance à des gens qui ont une cuisine aussi mauvaise. », Jacques Chirac parlant des Britanniques.

7 – « J'ai lancé toutes les procédures pour renforcer la fraude fiscale. », **Éric Woerth.**

6 – « Il y a deux fichiers majeurs : le fichier des empreintes génitales et le fichier des empreintes génétiques. », **Brice Hortefeux.**

5 – « Il est légitime que nos concitoyens soient inquiets s'agissant [...] de l'exploitation de gisements de gaz de shit. », **François Fillon.**

4 – « Mais qu'est-ce qu'elle me veut de plus cette ménagère ? Mes couilles sur un plateau ? », **Jacques Chirac**, pensant son micro coupé, à Margaret Thatcher.

3 – « Monsieur le Ministre, durcissez votre sexe... euh pardon, votre texte ! », Robert-André Vivien.

2 – « Il faut prendre ça comme un week-end au camping », **Silvio Berlusconi** s'adressant aux rescapés du tremblement de terre de l'Aquila.

1 – « Quand je vois certains qui demandent des rentabilités à 20-25 % avec une fellation quasi nulle… », **Rachida Dati.**

Source : *VSD*

QUAND LES CADAVRES NE SE DÉCOMPOSENT PLUS…

… ça crée un sacré problème ! Depuis la création des premiers cimetières, la procédure a toujours été la même :

UNE DIZAINE D'ANNÉES EST NÉCESSAIRE POUR QUE LE CORPS ENTERRÉ SE DÉCOMPOSE ET DISPARAISSE DANS LA TERRE.

À ce moment-là, les fossoyeurs peuvent, potentiellement, à nouveau se servir de cette tombe pour enterrer quelqu'un. Mais depuis quelques années, cela n'est plus aussi simple.

En Allemagne, un entrepreneur de pompes funèbres avance carrément que

« LES CORPS MIS EN TERRE IL Y A TRENTE ANS ONT L'AIR D'AVOIR ÉTÉ INHUMÉS LA SEMAINE DERNIÈRE […] C'EST COMME S'ILS AVAIENT MARINÉ DANS DES PRODUITS CONSERVATEURS. »

Pour les scientifiques, cela s'expliquerait par la disparition d'une bactérie primordiale dans ce processus, peut-être à cause des pesticides et de la pollution.
La crémation, c'est bien aussi, non ?

De très nombreuses personnes ne connaissent pas l'origine de la barre horizontale au milieu du 7, bien que désormais nous ne l'utilisions plus vraiment.

Alors, pourquoi cette barre?

Revenons à l'origine, qui remonte aux temps bibliques. Lorsque Moïse eut gravi le mont Sinaï, les dix commandements lui furent dictés.

Il redescendit vers son peuple et lut chaque commandement, d'une voix puissante.

Arrivé au septième, il annonça :

- Tu ne désireras pas la femme de ton prochain...

Et le peuple hurla :

- Barre le sept ! Barre le sept !

Le riz contre la diarrhée

En cas de diarrhée, l'eau de riz sera votre meilleure alliée !

Pour l'obtenir, faites longuement cuire deux poignées de riz dans une casserole d'eau bouillante. Couvrez pour éviter que trop d'eau ne s'évapore. Ensuite, il ne vous reste plus qu'à égoutter le riz au-dessus d'un récipient pour récupérer toute l'eau. Laissez refroidir quelques minutes et

buvez autant de cette eau que possible.

Non seulement vous vous réhydraterez, mais grâce à l'amidon contenu dans ce breuvage, vos soucis de selles seront rapidement de l'histoire ancienne !
Si toutefois ce n'était pas le cas, consultez rapidement un médecin.

Le WEB du WCB

Et si vous étiez le futur Thierry Roland ?

Vous en avez marre d'entendre Christian Jeanpierre et consorts commenter vos matchs en direct ?

Vous jugez que vos discussions avec vos potes valent bien mieux que ces dinosaures du commentaire sportif ?

Vous avez tendance à couper le son lors de matchs de foot ? Alors vous allez pouvoir remettre le son grâce à ***SportDub !***

Ce site vous propose une palette de commentateurs pour chaque match. Qu'ils soient blogueurs influents, sportifs ou tout simplement grands supporters de l'une des équipes sur le terrain, ils vont vous proposer un commentaire différent de celui que vous subissez à la télé. En plus, vous allez pouvoir donner votre avis en direct, via le tchat. Vous échangerez non seulement avec les commentateurs, mais également avec les autres spectateurs regardant le même match !

Bonus : si vous vous en sentez à la hauteur, vous pourrez même vous proposer pour de futurs commentaires. Si vous êtes retenu, une seule condition à honorer : commenter au moins un match par mois !

www.sportdub.com

Le militaire a chaud en saluant le drapier.

LE MILITAIRE A CHIÉ EN SALUANT LE DRAPEAU.

Toi aussi, joue au docteur !

Vous avez toujours eu envie de jouer au docteur ? Vous allez maintenant pouvoir le faire grâce à votre smartphone !

Instant Heart Rate
va vous permettre de
savoir en 10 secondes à quelle vitesse bat votre cœur
via l'appareil photo de votre téléphone.

Comment est-ce possible ? C'est scientifique. La saturation en oxygène de votre sang, corrélée à votre pouls, modifie en permanence votre teint. Le changement de couleur de votre peau est très subtil, à moins que vous ne soyez vraiment très malade. Mais cela n'échappera pas à l'œil de la caméra !

Instant Heart Rate – Disponible sur iPhone, iPod Touch, iPad et Android – **Gratuit**

MON COACH ZEN ET BIEN-ÊTRE
avec maviedefemme.com

MES REMÈDES DE GRAND-MÈRE POUR LUTTER CONTRE LE RHUME DES FOINS

Ras le bol de renifler constamment à cause de cette allergie ? Voici quelques recettes pour – si ce n'est en venir à bout – au moins la calmer…

– **Je prends des infusions** : de thym (50 g de plantes pour 1 litre d'eau), de camomille, de mélilot (30 g pour 1 litre d'eau) ou de fleurs de sureau (50 g pour 1 litre d'eau).

– Je me fais une cure de jus de citron.

– Je fais des inhalations 4 fois par jour avec des infusions chaudes de marjolaine ou d'Eucalyptus radiata (en parapharmacie).

– Je respire profondément une gousse d'ail écrasée.

– Je me fais une fumigation : dans un grand bol d'eau bouillante, j'ajoute 4 gouttes d'huile essentielle de lavande et 4 gouttes d'huile essentielle d'eucalyptus. Je reste 10 minutes la tête penchée au-dessus du bol sous une serviette, et j'inhale la vapeur. C'est un moyen très efficace pour libérer le mucus et me protéger contre les infections.

– Je fais une infusion de thym, je filtre et j'ajoute à l'eau du bain.

– **Je prends un potage chaud** : la plupart des potages chauds offrent deux bénéfices, ils désinfectent l'organisme grâce à des ingrédients comme l'ail, l'oignon et autres antibiotiques naturels, et ils diluent le mucus.

Humour

Dimanche, un papa part à la chasse afin de préparer un bon repas pour ses trois jeunes enfants à midi. Divorcé, il en a la garde aujourd'hui.

En fin de matinée, il n'a pu abattre qu'une très belle biche.

Il sait que ça risque de contrarier ses enfants adorés et décide de leur cacher ce qu'ils vont manger, connaissant leur émotivité.

Sa fille aînée :

– Délicieux mon papa !
Mais qu'est-ce que c'est ?

Sentant le piège, le père répond :

– Ma chérie, c'est… c'est ainsi que ta maman m'appelait parfois !

Sa fille se retourne soudainement vers ses deux frères :

– Vite, vite !!! Crachez vite !!!
C'est du trou du cul !!!

CHEEEEEESE !

Avez-vous déjà remarqué que sur toutes les peintures et photos anciennes, personne ne souriait, jamais ?

Maintenant que cela vous saute aux yeux, sachez que ce phénomène s'explique par deux raisons :
– le temps de pose était très long (une quinzaine de minutes au XIXe siècle et bien plus pour un tableau), il était donc difficile de sourire pendant tout ce temps.
– le fait que **l'on considèrait les gens souriants sur les photos comme des personnes stupides,** à l'intellect limité.

Ces réponses ont été mises en lumières par Nicholas Jeeves, de l'École d'art de Cambridge.

		1	5			7		
9					8			
3			7			8	4	
					4		2	
1		6		7		4		5
	2		6					
	5	9			6			7
			8					4
		4			9	6		

LES 10 PLATS LES PLUS GRAS DU MONDE

LE KHATCHAPOURI

En Géorgie, on raffole de ce plat. Il s'agit d'une pâte à pain que l'on farcit généreusement d'un fromage au lait de vache.

LES BARRES DE MARS FRITES

Non, ce n'est pas une invention de la rédaction pour boucler nos 10 plats du monde les plus gras ! En Écosse, on adore tremper son Mars dans une sorte de pâte à beignets avant de la faire frire. Oui, oui, on parle bien de la barre au chocolat…

L'ACARAJÉ

L'acarajé est un plat brésilien. Il se compose de boulettes de pois chiches aux oignons, frites dans l'huile de palme, et farcies d'une pâte épicée contenant des crevettes sautées.

LA CALZONE

Si vous commandez une calzone, sachez que vous aurez dans votre assiette l'équivalent en pâte d'une pizza pour quatre personnes !

L'ALIGOT

Ce charmant plat auvergnat est un savant mélange de pommes de terre écrasées, de beurre, d'ail, de crème et de fromage fondu. Chaque cuillère à soupe représenterait 6 % de nos besoins journaliers en acides gras saturés !

LA POUTINE

Au Canada, on aime manger les frites recouvertes de fromage (du gouda en grain) et d'une sauce brune, qui se rapproche d'une sauce barbecue.

LE JALEBI

Les Indiens, non contents d'aimer la pâte frite, préfèrent encore la tremper dans une espèce de sirop très sucré !

LES CHURROS

En Espagne, on aime commencer sa journée avec un chocolate con churros. Comprenez un chocolat chaud très épais, dans lequel on trempe des pâtisseries frites au sucre et à la cannelle.

LES RAMEN

Non, les Japonais ne font pas uniquement dans le diététique avec leurs poissons crus. Ils apprécient également le gras dans leurs ramen : des nouilles trempées dans un brouet de lard, de bœuf et d'huile.

LES CRÊPES AU NUTELLA

Et oui, nos fameuses crêpes ne sont pas l'aliment le plus diététique au monde ! Cuites dans du beurre, on aime les recouvrir de cette célèbre pâte à tartiner. Pensez aux nombres de cuillères à soupe de Nutella que vous mettez dans chaque crêpe… Chacune d'entre elles représente 100 calories. Alors, gras ou pas gras ?

Source : *Smartertravel.com*

MIDINETTE ?

On peut qualifier de « midinette » une jeune femme naïve, frivole et le plus souvent vivant en ville. Ce mot est né au XIXe siècle. À l'époque, il désignait les jeunes ouvrières travaillant dans le milieu de la mode. Pour garder leur taille de guêpe, à midi, elles se contentaient d'un repas frugal, soit une dînette. Midi et dînette ayant été collés l'un à l'autre, le terme midinette est né.

PARIS, BOULEVARD EXELMANS
LE 11-03-78 À 15H00...

CONNAISSEZ-VOUS LE POINT COMMUN ENTRE ZAC EFFRON, JUSTIN TIMBERLAKE, COLIN FARRELL, JAMES FRANCO ET JOAQUIM PHOENIX ?

Ils ont tous couché avec Lindsay Lohan ! L'info vient du crayon même de la sulfureuse actrice.

En effet, après une soirée alcoolisée au Beverly Hills Hotel de Los Angeles, Lindsay Lohan a laissé traîner une feuille écrite de sa main dans le bar.

ELLE Y LISTAIT SES 36 CONQUÊTES LES PLUS PRESTIGIEUSES...

Pourquoi a-t-on la chair de poule ?

Quand on a froid, notre peau a une réaction surprenante : ses poils se hérissent. Ce qu'on appelle communément « avoir la chair de poule ». Très bien, mais pourquoi ?

Quand le cerveau détecte une chute de température, il organise une défense de l'organisme. Il demande aux muscles érecteurs liant les poils à la peau de se contracter. Résultat : les poils se dressent et **une petite couche isolante se crée entre le froid et la peau**. Ainsi, les 37 °C du corps sont maintenus…

À une petite nuance près : les poils étant de moins en moins présents sur l'Homme, cette couche isolante perd lentement de son efficacité.

À quoi correspondent les lettres qui définissent les tailles des bonnets de soutien-gorge?

A. Appréciable
B. Bien
C. Canon
D. Dément
E. Énorme
F. Faux

Les meilleurs tweets

Important : si vous voulez inviter un ami dentiste, n'utilisez jamais l'expression « Ramène ta fraise », vous pourriez le regretter.

Mais pourquoi tu cours comme un con avec ton bras en arrière ? – Ta gueule ! Je fais une course contre la montre… Et je suis en train de gagner là !

« T'es grand ! Tu fais du basket ? »
« T'es con ! Tu fais du foot ? »

Je viens de voir que La Fouine est membre du jury de Pop Star ! C'est un peu comme si Gilbert Montagné était arbitre à Roland-Garros…

À Marseille, tu pleures deux fois. Une fois en arrivant, et une fois quand le docteur te retire la balle du ventre.

J'ai toujours une photo de ma femme et de mes gosses dans mon portefeuille. Ils sont là pour me rappeler pourquoi j'ai pas une thune dedans.

Un tour du monde en chiffres

En moyenne, lorsqu'un Français dit qu'il part faire un tour du monde, il va :

– partir **12 mois**,

– effectuer **9,5 vols en avion**,

– traverser **16 pays**,

– préparer un budget total de **14 500 euros**,

– souffler ses **27 bougies** lors de ce grand voyage.

Ceux qui osent partir faire un tour du monde sont à 62 % des hommes.

42 % des Français partent en couple,

27 % en famille,

24 % seul,

7 % entre amis,

1 % entre frères et sœurs.

Des Chiffres, Des Chiffres

Les continents traversés lors d'un tour du monde :

– **100 %** passent par l'Asie
– **93 %** par l'Amérique du Sud
– **80 %** par l'Océanie
– **53 %** par l'Amérique du Nord
– **25 %** par l'Afrique
– **11 %** par le Moyen-Orient
– **5 %** par l'Europe

TOP 5 des pays traversés par des Français lors d'un tour du monde :

– Thaïlande (**80 %**)
– Chili (**78 %**)
– Argentine (**70 %**)
– Pérou (**69 %**)
– Bolivie (**64 %**)

Source : *Voyageautourdumonde.fr*

Le saviez-vous ?

On est plus exposé à la pollution à l'intérieur de sa voiture, que sur sa selle de vélo.

Même en mettant en route le recycleur d'air et en fermant les fenêtres, vous serez beaucoup plus exposé au dioxyde d'azote et aux particules fines qu'un piéton !
Si ce même piéton prend le métro, ce sera lui le plus touché par les particules fines…

Ta cinéphilie dans ta poche

Vous aimez le cinéma, mais vous êtes régulièrement face à la question : « Qu'est-ce que je vais regarder ce soir ? » Alors

My Seeen

est faite pour vous ! Elle vous permet d'enregistrer

tous les films que vous avez déjà vus, ceux que vous avez envie de voir

(oui, car en soirée, on vous conseille tout un tas de films, que vous notez n'importe où et que vous perdez, si toutefois vous ne faites pas uniquement confiance à votre mémoire...) et d'ajouter toutes les notes que vous voulez.

My Seeen vous dévoile également les informations à connaître sur vos films favoris et, grâce à la Seeenline, vous êtes informé de ce que vos amis ajoutent ou commentent.

Vous découvrirez ainsi certainement de nouveaux films à regarder très prochainement !

My Seeen – Disponible sur iPhone, iPod Touch, iPad et Windows Phone – **Gratuit**

Le WEB du WCB

Sur la route des vins

Vous aimez le vin ? Vous aimez les voyages ? Vous aimeriez concilier les deux ? Alors,

Vinotrip

semble fait pour vous ! Ce site vous propose de l'œnotourisme. Vous allez donc partir à la découverte d'une région (Alsace, Bordeaux, Bourgogne, Champagne), sur la thématique du vin.

De nombreuses offres vous sont proposées,

vous pouvez aussi ajouter une touche de culture, de gastronomie, de bien-être ou de sport. Vous pouvez même personnaliser votre choix en demandant un guide bilingue, une location de voiture ou en choisissant le type d'hébergement souhaité. Vous en apprendrez davantage sur le vin, sa fabrication, son conditionnement… et vous pourrez certainement obtenir quelques astuces pour votre propre cave !

www.vinotrip.com

Décongelez intelligemment

Que vous laissiez votre produit congelé sur l'évier en attendant qu'il décongèle ou que vous le mettiez au micro-ondes dans le même but, vous risquez de l'altérer.

Il existe une solution écologique et salutaire pour le bien de votre produit.

Laissez votre produit décongelé au frigo la veille au soir. Non seulement il va décongeler tranquillement, mais en plus, il va permettre de refroidir votre frigo sans faire appel à l'électricité (donc économie) et il ne s'altérera pas, puisqu'il restera à une température inférieure à 10 °C !

TOP 3 des folies de Keith Moon, le batteur des Who

3 - Jeter une Cadillac dans la piscine d'un hôtel Holiday Inn.

2 - Faire sauter les toilettes des hôtels à l'explosif.

Le batteur des Who avait un petit plaisir bien à lui lorsqu'il séjournait dans un hôtel. Il mettait la musique exagérément fort afin que les autres clients se plaignent rapidement du tapage. Le personnel de l'hôtel se voyait alors dans l'obligation de venir demander à Keith Moon de bien vouloir faire un peu moins de bruit… Bien mal leur en prenait ! Le musicien leur demandait alors de bien vouloir attendre quelques instants. **Il se rendait aux toilettes et les faisait exploser**. Très calmement, il expliquait alors que ce qu'il venait de faire était du bruit. Il enclenchait ensuite un disque des Who et s'exclamait : « Ça, c'est de la musique ! »

Il aurait ainsi détruit pour **plus de 500000 dollars de toilettes** en 32 ans de vie.

1 - Avaler une poignée de cachets tendue par un fan avant un concert à San Francisco. Le tout noyé dans du whisky.

Il n'a pas pu assurer plus de deux chansons sur scène, a dû se faire remplacer par un fan présent dans le public, et ne s'est réveillé que deux jours plus tard !

Source : *Le Point.fr*

Gégé est en pleine déprime.

Son pote Richard essaie de le réconforter :

– Mais mon Gégé ! Ne fais pas cette tête !

Il y a bien des choses positives dans ta vie, non ?

– Oui…

– Ben, tu vois… il ne faut penser qu'à ce qui est positif.

– C'est ce que je fais…

– C'est très bien. Alors, à quoi penses-tu de positif ?

– À mon test HIV…

25 %

DES OS D'UN HUMAIN SE TROUVENT DANS SES PIEDS !

Les chiffres incroyables du plus grand cargo du monde (et français !)

Le CMA CGM Jules Verne est le plus grand cargo du monde. Il mesure **54 mètres de large** et **396 mètres de long**, soit quasiment **4 terrains de foot !**

Il est si imposant que seuls **20 ports** au monde peuvent l'accueillir (dont Marseille et Le Havre).

Il peut transporter jusqu'à **16 022 conteneurs de 30 tonnes**.

Pour mettre en mouvement cette masse gigantesque, un moteur de **108 000 chevaux**, doté de **14 pistons**, a été installé. À titre de comparaison, lorsqu'il se déplace à **21 nœuds**, soit environ **38 km/h**, sa poussée est égale à celle de **10 Airbus A380 !**

Le cargo se déplace à une vitesse moyenne de **16 à 18 nœuds**, consommant ainsi plus de **100 tonnes de fuel** chaque jour.

CMA CGM, propriétaire du navire, est le **3e armateur mondial**. Il a déboursé **180 000 000 de dollars** pour s'offrir le Jules Verne !

Le saviez-vous ?

Connaissez-vous le visage le plus embrassé du monde ?

Une légende veut qu'à la fin du XIXe siècle, une jeune fille ait été retrouvée noyée dans la Seine. Son corps n'a jamais pu être reconnu et elle est poétiquement devenue **« l'Inconnue de la Seine »...**

Avant qu'elle ne soit inhumée, un masque mortuaire avait été moulé sur son visage. Quand, en 1958, le premier mannequin d'apprentissage des premiers secours a été créé, on lui a tout naturellement donné les traits de cette inconnue… Et par là même, une « identité » puisque ce mannequin a un nom : Anne Resusci.

Depuis plus de 50 ans, ce visage est donc embrassé des milliers de fois par jour !

CONSTIPATION 3

TEST

Qui a dit ?

1. **« Un seul être vous manque et tout est dépeuplé ! »**

   A. Alphonse de Lamartine
   B. Shakespeare
   C. Alfred de Musset

2. **« Les Français sont des veaux ! »**

   A. Coluche
   B. Jean-Jacques Bourdin
   C. Charles de Gaulle

3. **« Choisissez un travail que vous aimez et vous n'aurez pas à travailler un seul jour de votre vie. »**

   A. Platon
   B. Confucius
   C. Arlette Laguiller

4. **« Les cons, ça ose tout. C'est même à ça qu'on les reconnaît ! »**

   A. Michel Audiard
   B. Jean-Paul Belmondo
   C. Jean Gabin

TEST

5. « Le seul moyen de se délivrer de la tentation, c'est d'y céder. »

A. Loana
B. Oscar Wilde
C. Charles Baudelaire

6. « L'important, c'est de participer. »

A. Raymond Poulidor
B. Michael Schumacher
C. Pierre de Coubertin

7. « Le hasard, c'est Dieu qui se promène incognito. »

A. Sœur Emmanuelle
B. L'abbé Pierre
C. Albert Einstein

8. « À l'instant où l'esclave décide qu'il ne sera plus esclave, ses chaînes tombent. »

A. Gandhi
B. Mandela
C. Martin Luther King

9. « À cœur vaillant, rien d'impossible. »

A. Victor Hugo
B. Jacques Cœur
C. Arthur Rimbaud

TEST

10. « La guerre est une chose trop grave pour la confier à des militaires. »

A. Barack Obama
B. Winston Churchill
C. Georges Clemenceau

11. « On est de son enfance, comme on est d'un pays. »

A. Antoine de Saint-Exupéry
B. Romain Gary
C. Marc Lévy

12. « Pas besoin de grill : l'Enfer c'est les autres. »

A. Jean-Paul Sartre
B. Socrate
C. Jean Gabin

13. « Vouloir être de son temps, c'est être déjà dépassé. »

A. Jean-Claude Van Damme
B. Grégory Lemarchal
C. Eugène Ionesco

14. « Ni Dieu ! Ni maître ! »

A. Jean-Luc Mélenchon
B. Mandela
C. Louis Auguste Blanqui

TEST

15. « Ce qui ne nous tue pas nous rend plus forts. »

A. Friedrich Nietzsche
B. Emmanuel Kant
C. Jean-Paul Sartre

16. « J'y suis, j'y reste ! »

A. Napoléon Bonaparte
B. Vladimir Poutine
C. Patrice de Mac Mahon

17. « Ceux qui ne font rien, ne se trompent jamais. »

A. Comtesse de Ségur
B. Théodore de Banville
C. Mickaël Vendetta

18. « C'est pas parce qu'ils sont nombreux à avoir tort, qu'ils ont raison. »

A. François Mitterrand
B. Coluche
C. Pierre Desproges

19. « C'est quand la merde et le pet sont sortis, que le ventre est soulagé. »

A. Mao Zedong
B. Jean-Claude Van Damme
C. Professeur Choron

20. « Dieu doit aimer les pauvres, autrement il n'en aurait pas créé autant ! »

A. Nicolas Sarkozy
B. Laurence Parisot
C. Abraham Lincoln

TEST

RÉPONSES

1. A. – « Un seul être vous manque et tout est dépeuplé ! », Alphonse de Lamartine
2. C. – « Les Français sont des veaux ! », Charles de Gaulle
3. B. – « Choisissez un travail que vous aimez et vous n'aurez pas à travailler un seul jour de votre vie. », Confucius
4. A. – « Les cons, ça ose tout. C'est même à ça qu'on les reconnaît ! », Michel Audiard
5. B. – « Le seul moyen de se délivrer de la tentation, c'est d'y céder. », Oscar Wilde
6. C. – « L'important, c'est de participer. », Pierre de Coubertin
7. C. – « Le hasard, c'est Dieu qui se promène incognito. », Albert Einstein
8. A. – « À l'instant où l'esclave décide qu'il ne sera plus esclave, ses chaînes tombent. », Gandhi
9. B. – « À cœur vaillant, rien d'impossible. », Jacques Coeur
10. C. – « La guerre est une chose trop grave pour la confier à des militaires. », Georges Clemenceau
11. A. – « On est de son enfance, comme on est d'un pays. », Antoine de Saint-Exupéry
12. A. – « Pas besoin de grill : l'Enfer c'est les autres. », Jean-Paul Sartre
13. C. – « Vouloir être de son temps, c'est être déjà dépassé. », Eugène Ionesco
14. C. – « Ni Dieu ! Ni maître ! », Louis Auguste Blanqui
15. A. – « Ce qui ne nous tue pas nous rend plus forts. », Friedrich Nietzsche
16. C. – « J'y suis, j'y reste ! », Patrice de Mac Mahon
17. B. – « Ceux qui ne font rien, ne se trompent jamais. », Théodore de Banville
18. B. – « C'est pas parce qu'ils sont nombreux à avoir tort, qu'ils ont raison. », Coluche
19. A. – « C'est quand la merde et le pet sont sortis, que le ventre est soulagé. », Mao Zedong
20. C. – « Dieu doit aimer les pauvres, autrement il n'en aurait pas créé autant ! », Abraham Lincoln

Saviez-vous que se déplacer dans l'espace ne faisait aucun bruit? Comme il n'y a ni matière, ni air dans l'espace, le bruit ne peut pas se propager. Le silence est donc total.

Juliette veut absolument s'acheter un perroquet.

Elle se rend à l'animalerie du centre-ville :

– Je suis désolé, lui dit le vendeur. Nous n'avons plus de perroquet… Mais, je peux vous proposer un pivert.

– Et ça parle un pivert ? demande Juliette, dubitative…

– Non. Mais si vous connaissez le morse…

Pourquoi dit-on...

UN CLOCHARD ?

Un clochard est une personne dans le besoin, sans domicile fixe.

Cette expression est née à Paris, à une époque où le quartier des Halles était principalement occupé par un immense marché, avant qu'il ne soit déménagé à Rungis. Pour cet événement, **une gigantesque cloche avait été installée au début du quartier**. Elle sonnait une fois pour lancer le début du marché, et une fois pour en marquer la fin. C'est à ce moment-là que les nécessiteux pouvaient venir récupérer les invendus. D'où le nom de clochard !

Aujourd'hui, la cloche existe toujours, apposée le long de la façade du bistrot À la Cloche des Halles.

Expert en langues

Apprendre une langue n'est pas toujours chose aisée et, pourtant, ô combien utile, que ce soit sur le plan professionnel, lors de voyages à l'étranger, ou tout simplement pour apprécier les films en version originale !

Duolingo

permet d'apprendre l'anglais (mais aussi l'allemand et l'espagnol) de manière ludique et efficace.

Vous allez devoir réussir un test pour passer au suivant et ainsi améliorer votre niveau. Vous aurez, entre autres, à trouver la traduction d'un mot français, à regrouper des lettres pour former une phrase, à traduire une phrase entière ; vous pourrez aussi faire corriger votre accent grâce au micro de votre smartphone... Mais attention, vous ne disposez que de quatre cœurs. À chaque erreur, vous en perdez un ! Si vous les perdez tous, ce sera retour à la case départ.

En apprenant, vous traduisez petit à petit des phrases entières et participez à traduire le web, donc à rendre accessibles les connaissances mondiales.

Et, pour une fois, une telle application est gratuite ! *What are you waiting for ?*

Duolingo – Disponible sur iPhone, iPod Touch, iPad et Android – **Gratuit**

C'est dans le bar
qu'on trouve
les meilleurs
vendeurs.

C'EST DANS LE VAR
QU'ON TROUVE
LES MEILLEURS
BANDEURS.

Trois Italiens ont un frère. Mais quand ce dernier meurt, ils n'ont plus de frère.

Comment est-ce possible ?

Réponse :

il s'agit de femmes !

QUAND GOOGLE REFROIDIT UN DATACENTER… AVEC L'EAU DES TOILETTES !

Vu l'énorme base de données de Google, il est impératif pour cette entreprise d'avoir des centres de données performants, donc qui ne surchauffent pas. Dans **UNE LOGIQUE ÉCOLOGIQUE**, la firme a décidé de refroidir son datacenter de Douglas County, en Géorgie, avec l'eau recyclée provenant des habitations de la région.

D'après les recherches menées, Google a bien besoin d'eau pour refroidir ses machines, mais celle-ci ne doit pas obligatoirement être potable. D'où le choix d'utiliser cette eau impropre à la consommation. **MOINS CHÈRE ET PLUS ÉCOLOGIQUE : DEUX ARGUMENTS DE POIDS** ayant fait pencher la balance en faveur de cette solution !

Les eaux usées sont acheminées dans un centre de traitement sponsorisé par *Google*, avant de passer quelques instants à l'air libre pour être à température ambiante. Après être passée par le circuit de refroidissement du datacenter, l'eau passe par un second centre de traitement, avant d'être rejetée dans la rivière Chattahoochee.

So écolo ce Google !

Le saviez-vous ?

Comment bien tenir son hamburger

Vous en avez assez de ne plus commander de hamburger au restaurant de peur de vous ridiculiser en ne sachant pas le manger proprement ? Vous allez être heureux d'apprendre que

trois chercheurs japonais spécialisés en mécanique des fluides, ingénierie et odontologie ont trouvé LA solution idéale !

Selon eux, tout repose dans la position des doigts. Il suffit de placer votre pouce et votre auriculaire sous le burger. Vos trois autres doigts sont évidemment sur le dessus du sandwich. Ne tenez pas votre hamburger trop fort et tous les aliments le composant resteront à l'intérieur.

Bon appétit !

Une femme belge se rend dans un commissariat, car elle s'inquiète de la disparition de son mari :

– Mon mari a disparu depuis 3 jours ! Il est sorti acheter 1 kg de carottes à l'épicerie et n'est toujours pas revenu ! Que puis-je faire ?

– Ben… des frites, une fois ?

Les meilleurs tweets

Ce défilé m'a rassurée. Je sais qu'en cas de conflit, on a les meilleurs joueurs de trompette du monde. #14 juillet

« Nabilla se lance dans la télé ». Bilan : 20 points de suture.

Oui, on peut rire de tout.
Mais lavez-vous les dents avant.

J'ai demandé à mon banquier un rdv en toute fin d'après-midi. Il a proposé 16 heures. Au départ, je voulais de l'argent, maintenant je veux son job.

La plus grosse arnaque de Man of Steel, c'est de nous faire croire que ça engage encore dans la presse quotidienne.

Vous avez la carte du magasin ?
– Pourquoi ? C'est si grand que ça ?

Le WEB du WCB

Track.tl ou la fête 2.0

Aujourd'hui, lorsque l'on va à une soirée, deux choix s'offrent à nous : laisser celui qui s'improvise DJ gérer la playlist ou prendre sa place. ***En d'autres termes, soit on s'ennuie, soit on se bat pour mettre sa musique.*** Pour pacifier les fêtes et plaire au plus grand nombre, trois jeunes hommes ont eu la bonté de voler à notre secours en créant ***Track.tl***.

L'organisateur de la soirée crée une page sur ce site, puis communique l'adresse à ses amis (qu'il peut bien évidemment inviter depuis les réseaux sociaux pour plus de facilité). Ensuite, au cours de la soirée, ***chacun se connecte avec son smartphone et peut proposer les chansons qu'il aimerait écouter***. Tous peuvent voter pour les titres qu'ils préfèrent. Ceux qui remportent le plus de suffrages seront les prochains à être diffusés. Simple, démocratique et efficace !

PS : Si les beaufs sont en surnombre,
pensez à supprimer leur 4G !

www.tracktl.com

Le métro à Paris

À Paris, il y a **302 stations de métro** (et plus de **90 000 pigeons**, mais c'est une autre histoire).

Les **5 stations** les plus fréquentées sont :

– Gare de l'Est,
20 018 847 voyageurs/an

– Montparnasse,
31 453 903 voyageurs/an

– Gare de Lyon,
34 971 365 voyageurs/an

– Saint-Lazare,
45 666 162 voyageurs/an

– Gare du Nord,
49 721 477 voyageurs/an

Les **5 stations**
les moins fréquentées sont :

– Buttes-Chaumont,
584 689 voyageurs/an

– Pré-Saint-Gervais,
435 680 voyageurs/an

– Créteil-Pointe du Lac,
389 235 voyageurs/an

– Pelleport,
382 807 voyageurs/an

– Église d'Auteuil,
179 009 voyageurs/an

Source : *Régie Autonome des Transports Parisiens (RATP), 2012*

POURQUOI
LES NOYÉS
REMONTENT-ILS
TOUJOURS
À LA SURFACE...
MAIS TROP
TARD?

TOILETTES

Monica Lewinsky se rend au pressing pour y déposer une robe.

– Hi Monica ! lui lance l'employée.

– Hi !

L'employée prend le vêtement et l'envoie dans la machine à laver :

– Bill ?

– No. *Just coffee* !

Pollution : méfiez-vous de l'habitacle de votre voiture

En voiture, vous savez que beaucoup de pollutions extérieures viennent doucement vous empoisonner... Mais saviez-vous qu'une grande partie de cette pollution vient plutôt de l'intérieur de votre voiture ?

Le laboratoire d'hygiène de la Ville de Paris a mené une enquête sur de nombreux véhicules. Le résultat est sans appel :
il existe de nombreuses substances chimiques nocives dans nos revêtements intérieurs.
Vous aimez l'odeur de neuf dans votre voiture, n'est-ce pas ? Sachez que le problème vient justement de là ! Les constructeurs travaillent ardemment pour résoudre ce problème...

En attendant, deux conseils à suivre :
– passer régulièrement l'aspirateur à l'intérieur de sa voiture,
– aérer souvent son véhicule.

Moins l'air circulera dans votre voiture, et plus l'accumulation de polluants sera importante.

ON NE BÂILLE PAS UNIQUEMENT DE FATIGUE !

Bien que les scientifiques ne soient pas tous d'accord sur les origines possibles du bâillement, plusieurs causes sont avancées :

– pour certains, il s'agit de réguler la chaleur du cerveau ;

– pour d'autres, ce réflexe est une manière de réoxygéner le corps.

Dans tous les cas, sachez que vous n'êtes pas les seuls à pouvoir bâiller, puisque

LA GRANDE MAJORITÉ DES ANIMAUX VERTÉBRÉS EN EST ÉGALEMENT CAPABLE !

Plus d'excuses pour les vœux

Avec les réseaux sociaux, on démultiplie très rapidement notre nombre d'amis. Quand on les ajoute à la famille et aux amis de la « vraie vie »,

on se retrouve à devoir gérer des dizaines d'événements, des anniversaires et des mariages chaque jour que Dieu fait.

Et il suffit d'en laisser passer un pour subir de longues représailles !

Pour éviter cette difficile expérience, vous pouvez télécharger

CleverCards

Non seulement elle vous avertira de tout événement à venir, mais en plus elle vous permettra d'envoyer une petite carte bien sympathique. Vous pouvez choisir que celle-ci reste virtuelle ou carrément envoyer une carte physique, que la personne recevra dans sa boîte aux lettres.

Bon plan, la première carte papier est gratuite.

CleverCards – Disponible sur iPhone, iPod Touch, iPad et Android – **Gratuit**

Les cages de carton épataient les Romains.

LES CONS DE CARTHAGE ÉPATAIENT LES ROMAINS.

Nettoyez efficacement votre micro-ondes et sans vous fatiguer !

Pour nettoyer votre micro-ondes sans vous fatiguer, il vous suffit de vous munir d'une tasse et de vinaigre. Versez une dizaine de centilitres dans votre tasse et placez-la dans votre micro-ondes. Faites chauffer l'appareil pendant 1 minute 30.

Cette opération a pour but de décoller tout résidu, de désinfecter l'appareil et de supprimer les mauvaises odeurs.

Il ne vous reste plus qu'à retirer votre tasse et passer une éponge humidifiée sur l'ensemble de l'appareil.

JEUX

MOTS MÊLÉS

Spécial chaussures

Saurez-vous retrouver chacun des mots cachés dans ce tableau? Les mots peuvent être écrits horizontalement, verticalement et à l'envers.

Mots à trouver :

1) CHARENTAISE	2) ESPADRILLE
3) APRÈS-SKI	4) CLAQUETTE
5) PANTOUFLE	6) RANDONNÉE
7) RICHELIEU	8) SPARTIATE
9) AIGUILLE	10) BABOUCHE
11) BALLERINE	12) CHAUSSON
13) ESCARPIN	14) GODILLOT
15) MOCASSIN	16) PATAUGAS
17) BOTTINE	18) GODASSE
19) SANDALE	20) SOULIER
21) BASKET	22) BATEAU
23) GROLLE	24) MÉDUSE
25) SAVATE	26) TATANE
27) TENNIS	28) BOTTE
29) POMPE	30) SABOT
31) BOOT	32) TONG

JEUX

N	I	P	R	A	C	S	E	G	O	D	A	S	S	E	Y	E	E
I	K	S	–	S	E	R	P	A	B	I	V	U	A	H	S	S	L
W	M	Z	K	S	P	A	R	T	I	A	T	E	G	P	W	U	F
I	T	E	N	N	I	S	T	O	N	G	F	X	U	C	E	D	U
E	T	T	O	B	A	I	S	A	V	A	T	E	A	L	A	E	O
B	A	L	L	E	R	I	N	E	B	O	O	T	T	A	I	M	T
E	N	I	T	T	O	B	A	A	H	S	D	J	A	Q	G	F	N
E	L	L	I	R	D	A	P	S	E	K	Z	M	P	U	U	C	A
U	E	I	L	E	H	C	I	R	S	H	Z	R	K	E	I	Z	P
E	É	N	N	O	D	N	A	R	O	J	B	S	D	T	L	Q	F
N	I	S	S	A	C	O	M	W	U	T	A	B	V	T	L	S	T
E	P	M	O	P	G	R	O	L	L	E	B	A	B	E	E	A	S
F	V	T	A	T	A	N	E	L	I	D	O	T	Q	Q	W	N	O
T	O	B	A	S	O	U	B	D	E	K	U	E	P	T	C	D	R
G	O	D	I	L	L	O	T	M	R	B	C	A	I	V	Y	A	I
T	E	K	S	A	B	E	R	H	W	V	H	U	Y	E	M	L	L
E	S	I	A	T	N	E	R	A	H	C	E	C	Z	P	Y	E	L
N	O	S	S	U	A	H	C	O	C	W	M	I	K	M	K	M	K

Le saviez-vous ?

Saviez que l'eucalyptus est un superbe détecteur d'or naturel? Ses racines étant très importantes, il peut aller puiser très profondément dans la terre. Il suffit ensuite de passer ses feuilles au rayon X pour savoir si le sol contient de l'or!

Panpan le lapin se réveille.

Il regarde autour de lui et comprend qu'il est dans un laboratoire pharmaceutique. Heureusement pour lui, il réussit à défaire les liens qui l'entravent et à prendre la poudre d'escampette. Bonheur ultime : le labo est à la campagne, entouré de champs. Il ne tarde donc pas à gambader au milieu des herbes hautes et tombe même sur une plantation de laitues dont il se régale !

Cerise sur le gâteau, il remarque une lapine à l'autre bout du champ, qui en fait de même. Ni une, ni deux, il la rejoint. Nos deux tourtereaux sont sur un petit nuage et

Panpan ne tarde pas à honorer sa promise.

Une fois leur petite affaire faite, madame se tourne vers son Apollon et lui susurre :

– C'était trop bon ! On recommence ?

– Bien sûr !...Mais pas tout de suite. Je dois d'abord retourner au labo. J'ai trop envie d'une clope !

Le plus grand yacht du monde mesure 180 mètres.

Il est la propriété de la famille royale des Émirats arabes unis.

Les meilleurs tweets

Quand l'idée d'avoir des enfants me titille, je me souviens que j'ai laissé mes Sims se gaver de chips jusqu'à en mourir.

Les amis de mes amis de mes amis qui ont une piscine sont mes amis.

« L'Amour est dans le Pré », c'est Moi, Moche et Mes Champs.

« L'énergie est notre avenir, économisons-la. » Un adage parfaitement adopté par les guichetiers de la Poste.

Trop bon ! J'écoute du Keen'V à fond, je vous dis pas comme ça déménage… Là il reste plus que les voisins du 3e et le concierge.

L'homme est un loup pour l'homme, et un relou pour la femme.

Nos bonnes Applis

Le must have des étourdis

Vous êtes un perpétuel tête-en-l'air ?

Vous perdez vos clefs dans votre 40 m² et votre voiture dans un parking souterrain ?

BlueBee

est faite pour vous !

BlueBee, c'est une application couplée à un petit boîtier. Vous accrochez ce boîtier à vos clefs ou vous le laissez dans votre voiture. Dès que vous cherchez l'un ou l'autre, vous vous connectez sur **BlueBee** qui se chargera de localiser l'objet de votre quête. Simple et efficace !

Vous pouvez également activer une alerte nommée la « laisse virtuelle ».

Dès que vous vous éloignerez de plus de 20 mètres de vos clefs, l'application vous enverra un petit message pour vous le signaler.

Utile pour ne plus se retrouver à la porte en rentrant du boulot !

Le boîtier coûte 39 euros (+ 5 euros de frais de port).

BlueBee – Disponible sur iPhone, iPad et Android – **Gratuit**

Mireille est chez elle, télé allumée, et elle lit un livre. Soudain, panne d'électricité dans l'appartement ! Pourtant, Mireille continue à lire.

Comment est-ce possible ?

Réponse :

Mireille est aveugle et lit un livre en braille.

Le WEB du WCB

Savez-vous ce qui se trouve dans votre assiette ?

Saviez-vous que l'emmental rapé *Monoprix* était produit par *Entremont*? Que le jambon *Leader Price* était fabriqué par *Madrange*? Ou que les spaghettis d'*Auchan* sortent des usines *Panzani*?

Ce que vous savez, par contre, c'est que les prix ne sont pas du tout les mêmes que l'on achète une marque de la grande distribution ou non ! Si vous souhaitez en savoir plus sur ce que vous consommez et, accessoirement, ***savoir si « ça vaut le coup » de payer plus cher en prenant une grande marque***, rendez-vous sur ***Mes Goûts***.

Plus encore, vous pouvez créer votre profil et indiquer ce à quoi vous êtes allergique ou ce que vous refusez de manger, comme l'huile de palme, par exemple. Le site, ayant passé plus de 11 000 produits à la loupe, vous signifiera ceux qui vous conviennent le plus… Et vous pourrez même découvrir de nouveaux aliments devant lesquels vous passez tous les jours sans leur accorder d'attention !

www.mesgouts.fr

Pourquoi les coups de soleil sont-ils douloureux ?

Les coups de soleil, on a tous connu ça au moins une fois ! Outre le manque d'esthétisme de ces rougeurs sur le corps, il faut encore supporter la douleur qu'elles engendrent… Plus encore si quelqu'un pose un doigt là où ça fait mal ! Mais savez-vous pourquoi nous souffrons autant ?

Tout est dû à UNE molécule, la TRPV4, qui se situe à la surface de la couche supérieure de la peau. Après une trop longue exposition au soleil, les UVB l'activent.

Une réaction en chaîne s'enclenche puisque la TRPV4 va réveiller l'endothéline, une autre molécule, responsable des douleurs.

Les scientifiques réfléchissent aujourd'hui à une crème solaire permettant d'immuniser la peau contre les coups de soleil et à une lotion qui rendrait inactive la TRPV4.

Une femme annonce à son mari :

– Mon amour, j'ai été obligée de virer Maria, notre bonne !

– Ah bon ? Mais qu'a-t-elle fait ?

– Elle nous a volés !!!

– Maria ? Et quoi donc ?

– Elle a volé nos deux superbes serviettes de toilette !

– Lesquelles ?

– Et ben… celles qui sont brodées "Grand Hôtel du Cap-Ferrat" !

LES JEUX VIDÉO AUGMENTENT LA TAILLE DU CERVEAU !

Si vous passez des heures accroché à votre écran et que votre entourage s'en plaint continuellement, vous pourrez désormais leur répondre que c'est pour le bien de votre matière grise ! Et oui, le Max Planck Institute for Human Developement a récemment prouvé que les jeux vidéo aidaient au développement de certaines zones du cerveau.

Pour parvenir à ce résultat, ils ont réparti 46 personnes en deux groupes. Le premier devait jouer au minimum 30 minutes par jour à Super Mario 64. Le second ne devait surtout pas toucher à une manette ! L'expérience a duré deux mois. À terme, tous les cerveaux ont été analysés par IRM.

CHEZ LES JOUEURS, LE CERVELET, L'HIPPOCAMPE DROIT ET LE CORTEX PRÉFRONTAL AVAIENT CONSIDÉRABLEMENT AUGMENTÉ.

Pourquoi ces zones précises ? Tout simplement car ce sont elles qui permettent la gestion de l'espace, la mémoire, la motricité des mains et la planification stratégique !

À quand les jeux vidéo pour soigner les maladies touchant le cerveau, type Alzheimer ?

4				7		9	8	
			9	2				
						7	3	2
	7			8	9			
		6	5		7	3		
			2	3			9	
8	1	9						
				9	6			
	2	4		1				9

URGENCES

Le saviez-vous ?

Sélection d'acronymes que l'on utilise tous les jours... sans connaître réellement leur signification !

PMU :

Pari Mutuel Urbain

M&M's :

Mars & Murrie's (du nom de ses inventeurs)

AVION :

Appareil Volant Imitant les Oiseaux Naturels

HTML :

HyperText Markup Language

Le saviez-vous ?

LU :

Lefèvre-Utile (le créateur de cette entreprise a voulu rendre hommage à ses parents : Jean-Romain Lefèvre et Pauline-Isabelle Utile)

SIDA :

Syndrome d'ImmunoDéficience Acquise

INTERNET :

INTERconnected NETwork

SOS :

Save Our Soul
(soit « sauvez nos âmes » en français)

HSBC :

Hongkong and Shanghaï Banking Corporation

SMS :

Short Message Service

Le saviez-vous ?

BMW :

Bayerische Motoren Werke
(soit la « manufacture bavaroise de moteurs » en français)

BN :

Biscuiterie Nantaise

AMPHÉTAMINE :

Alpha-Methyl-PHEneThylAMINE

CEDEX :

Courrier d'Entreprise à Distribution EXceptionnelle

IKEA :

Ingvar Kamprad Elmtaryd Agunnaryd
(Ingvar Kamprad est le fondateur.
Il a vécu dans la ferme de ses parents, Elmtaryd, située à Agunnaryd)

FNAC :

Fédération Nationale des Achats des Cadres

GESTAPO :

Geheime STAatsPOlizei
(soit la « police secrète d'État »)

IBM :

International Business Machine

NYLON :

Nancy, Yvonne, Louella, Olivia et Nina (soit les prénoms des femmes des 5 ingénieurs ayant inventé le nylon)

FRAM :

Fer Route Air Mer

Le saviez-vous ?

SFR :

Société Française du Radiotéléphone

RADAR :

RAdio Detection And Ranging (soit « détection et estimation de la distance par ondes radio » en français)

SOPALIN :

SOciété du PApier-LINge

SMART :

Swatch Mercedes ART

FIAT :

Fabbrica Italiana Automobili Torino (soit l'« usine italienne d'automobiles » de Turin)

Saviez-vous que la grenouille de Gardiner peut entendre sans posséder de tympans ?

Elle utilise tout simplement sa bouche et ses tissus mous et osseux pour transmettre les sons à son oreille interne – une sorte d'amplificateur en somme. En voilà une qui a bien raison de garder la bouche ouverte !

Armand et Albert, deux étudiants en médecine, prennent un verre au Trocadéro. Armand voit passer un homme à la drôle de démarche :

– Lui, je te parie qu'il souffre d'hémorroïdes !

– Mais non ! Je suis sûr qu'il est plutôt atteint de chaude-pisse !

– Je tiens le pari ! Il n'y a qu'une façon de connaître la vérité : on va lui demander !

Ils s'approchent de l'homme et lui posent leur fatidique question. Ce à quoi l'homme répond :

– Vous vous êtes tous les deux trompés, les jeunes… Et moi aussi, d'ailleurs ! Je croyais que c'était juste un pet…

À qui va l'argent d'une place de concert ?

Sur une place payée **100 euros** :

- **30 euros vont à l'artiste,**
- **20 euros** servent à payer la location de la salle,
- **20 euros** servent à l'organisation, tant pour le marketing, que pour le matériel nécessaire au spectacle,
- **20 euros de taxes sont prélevés par l'État et la Sacem,** entre autres,
- **10 euros** vont dans la poche du producteur… si toutefois le concert est amorti !

TOP 5 des plus vieilles émissions du PAF

5 – **Motus**, 23 ans sans interruption

4 – **Fort Boyard**, 23 ans sans interruption

3 – **Intervilles**, 24 saisons diffusées

2 – **Questions pour un champion**, 25 ans sans interruption

1 – **Des chiffres et des lettres**, 42 ans sans interruption

LES ISLANDAIS N'ONT PAS DE NOM DE FAMILLE !

L'Islande est certainement l'un des pays européens que l'on connaît le moins... D'ailleurs, qui sait qu'en Islande **MOINS D'UNE PERSONNE SUR DIX PORTE UN NOM DE FAMILLE ?**

Les Islandais ont plutôt l'habitude d'avoir un patronyme, ou un matronyme, accolé à leur prénom et qui ne peut pas être transmis à leurs propres enfants. Difficile donc d'entretenir une lignée, là-bas !

Le patronyme est constitué du prénom du père auquel on ajoute « son », s'il s'agit d'un fils, ou « dótttir », s'il s'agit d'une fille. On fait de même si l'on préfère que son enfant jouisse d'un matronyme.

Prenons l'exemple de l'Islandaise la plus connue chez nous : la chanteuse Björk.

Elle s'appelle Björk Guðmundsdóttir.

Elle est donc la fille de Guðmundur.

C.Q.F.D. !

Donnez une seconde jeunesse à votre pain rassis en le passant sous l'eau des deux côtés, puis en le réchauffant quelques instants. Bon appétit !

Le saviez-vous ?

Tout savoir sur la Saint-Valentin

Si la fête des amoureux tombe le jour de la Saint-Valentin, c'est en hommage à Valentin de Rome, un homme qui continuait à marier des couples dans le plus grand secret, alors que l'empereur Claude désirait envoyer un maximum d'hommes sans attaches familiales au front.

Mais lors des premières fêtes de la Saint-Valentin, il n'était pas question de célébrer les personnes déjà en couple…

Non, la Saint-Valentin était l'occasion de se cacher dans le village pour les jeunes filles célibataires. Si un homme, célibataire lui aussi, venait à les trouver, alors ils se mariaient au plus vite.

Plus tard, au Moyen Âge, la Saint-Valentin était l'occasion d'un jeu géant. Tous les jeunes célibataires venaient tirer un nom dans un immense bol. Ils devaient ensuite porter ce nom sur leur manche toute la semaine, en espérant trouver l'être recherché. Pour être sûres de savoir reconnaître leur futur mari, les jeunes femmes célibataires suivaient un régime très spécial, censé les faire rêver de leur Jules !

De tout temps, le plus beau cadeau de la Saint-Valentin reste sans nul doute le Taj Mahal.

En 1631, l'empereur Shâh Jahân a décidé de faire construire ce magnifique palais en hommage à sa femme, décédée en donnant naissance à leur 14e enfant.

Chaque année, plus de 220 000 personnes demandent la main de l'être aimé le 14 février !

Nos bonnes Applis

Débloque ton cerveau !

Vous avez toujours eu du mal à suivre en cours de mathématiques ?

Aujourd'hui, la moindre opération vous donne la migraine ?

Il est temps que ça change !

Téléchargez donc

UnlockYourBrain !

Le principe est très simple : à chaque fois que vous aurez besoin de déverrouiller votre smartphone, vous devrez d'abord répondre à un rapide calcul mental.

Un bon moyen de s'entraîner plusieurs fois par jour, sans le sentir passer.

Vous pouvez également choisir de vous entraîner à apprendre une nouvelle langue, améliorer votre logique…

Si vous n'êtes pas motivé, vous pourrez toujours cliquer sur « Laisser tomber » pour déverrouiller votre portable plus rapidement.

UnlockYourBrain – Disponible sur Android – **Gratuit**

Les meilleurs tweets

La cigarette électronique… Moi, tant qu'on sait pas si c'est mauvais pour la santé, je reste à la clope normale !

L'amant de ma femme a appelé, et après elle a reçu un coup de téléphone. Maintenant que vais-je faire de son corps ?

« Autant pour les dessins, j'étais pas mauvais. Autant pour le design de voiture, j'étais une grosse merde. » Pablo Picasso.

Je n'arrive pas à m'en débarrasser. Chaque année, ma déclaration de revenus.

La dernière fois qu'un ami m'a demandé d'organiser son enterrement de vie de garçon, j'ai pris 20 ans pour homicide.

« Il faut 3 moutons pour faire un pull. » La science n'a plus de limite. Si maintenant les moutons se mettent à tricoter…

Le vendeur sérieux commence par s'abonner.

LE BANDEUR SÉRIEUX COMMENCE PAR SAVONNER.

BROSSE A DENTS
POUR HALEINE DE CHIOTTE

Humour

Tiana, jeune journaliste intrépide, se promène au parc des Buttes-Chaumont, quand elle aperçoit un vieux monsieur nourrissant des canards. Elle s'approche et s'assoit à côté de lui :

– Vous venez souvent ici, monsieur ?

– Chaque jour que Dieu fait, je suis ici à nourrir mes oiseaux, dit-il en souriant.

– Je vous vois sourire… Vous semblez parfaitement heureux ! Quel est votre secret ?

– La vodka ! J'en bois une bouteille chaque matin !

– Incroyable… Et vous faites ça depuis longtemps ?

– Depuis mes 18 ans je crois…

– Vous me semblez en grande forme. Vous avez dû faire pas mal de sport, plus jeune, non ?

– Pas du tout ! J'en ai jamais fait ! **Mais si vous souhaitez un petit corps-à-corps, je suis là !**

– Euh… Non merci, ça va aller ! Vous avez un appartement ?

– Pas vraiment, je dors sous le pont, là-bas.

– Ah… Vos mains sont creusées, vous avez dû beaucoup travailler…

– Jamais de la vie ! Je n'ai JA-MAIS travaillé !

– Depuis que l'on discute, vous en êtes à votre quatrième cigarette. Je vous stresse avec mes questions ?

– Oh non, au contraire ! Quand je suis seul, je fume beaucoup plus !

– Quel est votre secret pour résister ainsi au temps ?

– Bof… La drogue, peut-être ? Ça occupe pas mal…

– Vous êtes vraiment une personne unique ! C'est incroyable ! Puis-je vous demander votre âge ?

– Bien sûr ! J'ai 24 ans !

Il n'y a pas de lave-vaisselle au palais de l'Élysée !

LES MÉTIERS LES PLUS INSOLITES DU MONDE

Bien que le WC Book soit très facétieux, chacun de ces métiers existe réellement, que ce soit en France ou dans le monde.

Mascotte

Goûteur d'aliment pour chiens

Cacheur de plaques d'immatriculation

Nettoyeur d'écrans dans un cinéma

PINGUOUINOLOGUE

Électrocuteur de personnes ivres

Auteur de fortune cookie (les gâteaux secs asiatiques contenant un message)

Polisseur de pièces de monnaie

Trayeur de serpents

Tireur de boules de bingo

NETTOYEUR D'OREILLES (DANS LA RUE)

Fendeur de porcs

Nettoyeur d'yeux au couteau

Claqueur (payé pour applaudir au bon moment lors d'un spectacle)

Chronométreur de chevaux

Masturbateur de dindons

Sorcière professionnelle (reconnu en Roumanie depuis 2011)

INSTITUTEUR DE CHÂTEAUX DE SABLE

Siffleur professionnel

Employé de la voirie chargé de l'entretien des étoiles d'Hollywood Boulevard

Sexeur de poussins

Modèle pour sextoy

STYLISTE DE VÊTEMENTS POUR POUPÉES BARBIE

Voix off pour la SNCF

Baby-sitter d'autruches

Nettoyeur de scènes de crime

Verbicruciste (créateur de mots croisés)

Boyaudier

CONTRÔLEUR DE QUALITÉ DE PRÉSERVATIFS

Feutier (surveillant de cierges dans une église)

Plongeur-récupérateur de balles de golf

Goûteur d'eau

Éleveur de sangsues médicinales

NETTOYEUR DE VOMI DANS UN PARC D'ATTRACTIONS

Graveur de timbres

Fumiste (réparateur ou installateur de cheminées)

Tailleur de pierres

Musicien thanatologue

Gardien d'île

Le groupe de musique québécois Les Cowboys Fringants a toujours eu un fort engagement écologique. Après leur tournée « Que du vent », ils ont calculé avoir parcouru

105 683 kilomètres.

Ils ont donc émis

43,6 tonnes de CO2.

Pour compenser ces « dégâts » causés à la Terre, ils ont planté 624 arbres via leur fondation éponyme !

Le saviez-vous ?

Pourquoi sommes-nous si gauches ?

Aviez-vous déjà remarqué que sur une photo de profil, les gens offrent le plus souvent leur côté gauche à l'appareil ?

L'écrivain Sam Kean s'est penché sur la question et a d'ailleurs noté que **sur 90 % des représentations de Jésus-Christ on le voyait regarder vers la droite,** donc mettant en avant son côté gauche ?

Pour lui, l'explication est scientifique. Le lobe droit de notre cerveau contrôle les émotions… et le côté gauche de notre corps. Cette partie étant la plus expressive, on la met donc en avant.

C.Q.F.D.

Mardi matin, à Paris. Un chauffeur-livreur s'engage dans une petite rue. Il voit le panneau signalant le sens interdit, mais n'en fait pas grand cas et s'y engage quand même. Un policier vient à sa rencontre. Les deux hommes discutent, mais le chauffeur-livreur repart comme si de rien n'était.

Comment est-ce possible ?

Réponse :

qui a dit que le chauffeur-livreur était dans son véhicule ?
Il a emprunté la ruelle à pied !

Le WEB du WCB

Louer une voiture à 1 euro ?

Vous aimeriez bien partir plus souvent en vacances, mais prendre le train vous coûte trop cher? Sans parler du prix des locations de voiture... Pas de panique! Grâce au *WC Book*, vous allez pouvoir de nouveau

aller voir ce qu'il se passe sous d'autres cieux... pour 1 € !

Non, ce n'est pas une énième blague!

Lucky Loc permet de mettre en relation des loueurs de voitures et des particuliers qui ont besoin de se déplacer à moindres frais. Régulièrement, les loueurs ont besoin de rapatrier un véhicule d'un point A à un point B. Et cela leur coûte cher. Très cher!

Alors ***Lucky Loc*** vous propose de récupérer une voiture à un endroit et de la reposer à un autre pour 1 €. Les frais de péage et d'essence restent à votre charge.

www.luckyloc.com

MacDonald's

décide d'ouvrir un resto en Papouasie-Nouvelle-Guinée…

Un client se rend au comptoir :

– Bonjour ! Un menu enfant s'il vous plaît !

– Frites, Coca ?

– Juste l'enfant, merci !

Nos bonnes Applis

Échange de bonnes connexions

À l'étranger, il est très frustrant de ne pas pouvoir se connecter à Internet en permanence, comme on le fait chez soi. Et si jamais on se laisse aller à consulter ses mails ou son fil d'actualité sur les réseaux sociaux, on le paye douloureusement en découvrant sa facture de téléphone !

Pour éviter ces désagréments, vous pouvez télécharger l'application

CrowdRoaming

Grâce à elle, vous permettrez aux étrangers en voyage en France d'utiliser une partie de votre forfait téléphonique inutilisé.

Et quand vous partirez à l'étranger, vous pourrez bénéficier du forfait des autres utilisateurs de ce service.

Et ce, gratuitement, évidemment !

CrowdRoaming – Disponible sur Android – **Gratuit**

Détectez une fuite d'eau de manière sûre et rapide

Vous le savez, le moindre goutte-à-goutte peut provoquer une hausse de votre facture sensationnelle. Et toutes les fuites d'eau ne sont pas aisées à débusquer.

Pour être certain que rien ne fuit chez vous,

fermez votre arrivée d'eau en allant vous coucher et relevez votre compteur.

Le matin, regardez à nouveau votre compteur. Si les chiffres n'ont pas évolué, c'est que tout va bien. Sinon, il vous faudra revêtir votre costume de Sherlock Holmes de la fuite d'eau !

ET SI DEMAIN ON ROULAIT AU PET DE VACHE ?

L'idée peut sembler des plus folles, mais c'est pourtant une réflexion à creuser ! Il faut savoir que les flatulences des vaches contiennent du méthane, un gaz à effet de serre 25 fois plus néfaste que le dioxyde de carbone.

ET LE MOINS QU'ON PUISSE DIRE, C'EST QU'UNE VACHE, ÇA SE LÂCHE !

Beaucoup ont réfléchi à empêcher ces flatulences... Les scientifiques de l'Institut national de recherche en technologie agricole de Buenos Aires ont pris le problème à l'envers. Pour eux, il serait intéressant de capter ce gaz à l'intérieur de la vache, puis de l'extraire via une petite machine installée sur son dos pour l'utiliser comme biocarburant !

Une chose est sûre, on ne sera jamais en panne de ce type de carburant puisqu'**UNE VACHE PRODUIT 300 LITRES DE MÉTHANE QUOTIDIENNEMENT !**

Ah. . . les micropénis !

Si votre pénis ne dépasse pas les **7,5 cm** en érection, alors **vous êtes l'heureux propriétaire d'un micropénis.**

Si à **11 ans**, il ne dépassait déjà pas les **4 cm**, vous auriez pu suivre un traitement hormonal pour relancer la croissance de votre verge. Passé les **13 ans**, ce type de traitement n'est plus proposé, au profit d'une opération chirurgicale permettant d'élargir ou d'agrandir votre sexe.

Sachez toutefois que la moyenne d'un sexe en érection se situe entre **13 et 15 cm**.

La dette publique de la France

Chaque seconde, la France s’endette de 4 640 euros,
soit **12 milliards** par mois,
soit quasiment **144 milliards** par an !

À titre de comparaison, les États-Unis voient leur dette publique augmenter de **47 200 euros** chaque seconde,
soit **1 489 795 918 367 par an !**

La rhinotillexomanie est le nom savant de l'habitude que développent certaines personnes de se curer le nez.

LES PEUPLES

« Les Italiens sont des Français de bonne humeur ! »
Jean Cocteau

« Marseille : ville formidable. Quand on y pète, ça sent le romarin ! »
Charles Pasqua

« Ils avaient le regard triste et solennel des Anglais qui s'amusent. »
William Sommerset Maugham

« En Provence, le soleil se lève deux fois : le matin et après la sieste. »
Yvan Audouard

« S'il n'y avait pas d'antisémites, on ne saurait même pas qu'il y a des Juifs. »
Georges Wolinski

CITATIONS

« Il paraît que même à Monaco, les rues ne sont plus sûres. Les milliardaires n'osent plus sortir le soir... Il y a des millionnaires qui rôdent ! »

Philippe Geluck

« Au Chili, personne ne parle. Même les dentistes font faillite tellement personne ne veut plus ouvrir la bouche ! »

Coluche

« En Laponie, à peine t'as fini l'apéritif du midi, que c'est l'apéritif du soir ! »

Jean-Marie Gourio, extrait de Brèves de comptoir

« Un terroriste corse, c'est un Corse qui travaille. »

Laurent Ruquier

« La nourriture anglaise ? C'est bien simple : quand c'est chaud, c'est de la bière et quand c'est froid, c'est de la soupe ! »

Anonyme

CITATIONS

« Beyrouth, quand on voit l'architecture,
ils ont bien fait de tout casser. »

Jean-Marie Gourio,
extrait de Brèves de comptoir

« Les Grecs : ils sont drôlement bruyants pour une langue morte ! »

Laurent Ruquier

« L'homme qui a eu le moins de chance dans sa vie : Youri Gargarine. Il est parti d'URSS, il a fait dix-sept fois le tour de la Terre, il est retombé en URSS. »

Coluche

« Pour différencier un vin allemand d'un vinaigre,
il suffit de regarder l'étiquette. »

Mark Twain

Si le kidnappeur continue
à m'envoyer des morceaux
de ma femme, je ne payerai
pas la rançon.
J'attends encore 2 mois
et je l'aurai au complet!

TOP 5 des chansons pour emballer

Messieurs, si vous souhaitez séduire la gent féminine, voilà la liste des chansons qui les font toutes craquer… Soit celles que vous devez impérativement avoir dans votre mp3, en toutes occasions !

Les pourcentages donnés correspondent au nombre de femmes ayant voté pour cette chanson à la question : « **Quelle chanson pour vous séduire** ».

5 - (Sexual) Healing, Marvin Gaye - 18 %

4 - Déshabillez-moi, Juliette Gréco - 23 %

3 ex aequo - Angels, Robbie Williams - 24 %

3 ex aequo - Je t'aime moi non plus, Serge Gainsbourg - 24 %

2 - You can leave your hat on, Joe Cocker - 28 %

1 - Beautiful, James Blunt - 45 %

AVEZ-VOUS REMARQUÉ QUE, DANS UN AÉROPORT, LA PREMIÈRE VALISE QUI SORT SUR LE TAPIS ROULANT N'APPARTIENT JAMAIS À PERSONNE ?

Les meilleurs tweets

**J'ai un canard d'occasion à vendre.
Je pense passer par Le Bon Coincoin.**

Selon un sondage, 100 % des personnes sondées
ont été sondées au moins une fois.

**Aujourd'hui je me suis pris un gland
sur la tête. Plus jamais je ne me promènerai
au bois de Boulogne !**

Jésus-Christ devrait être un exemple pour tous.
Même en mauvaise posture, il n'a jamais baissé les bras !

J'adore écrire sur FB en conduisant ma voitu

Pensez à l'environnement. N'imprimez ce message
que si vous en avez vraiment besoin.
Ou si vous voulez faire chier les écolos.

Les Primeurs sans déprime

On le sait, on doit manger 5 fruits et légumes par jour. Le défi n'est pas aisé à relever, et son niveau de difficulté monte d'un cran quand on se retrouve chez son maraîcher. Nous ne sommes pas tous des agriculteurs en herbe, alors

il n'est pas évident de savoir quelle est la meilleure saison pour manger des poireaux, des potimarrons ou de la goyave.

Et ce, sans parler des idées de recette à avoir pour ne pas manger systématiquement la même chose !

Vous pouvez dorénavant télécharger l'application

Les Primeurs

Elle vous dévoilera les meilleurs moments pour manger fruits et légumes, vous informera sur leurs qualités nutritionnelles, leur temps de conservation et la manière de les préparer.

Bref, l'application incontournable quand on veut vraiment profiter des fruits et légumes !

Les Primeurs – Disponible sur Android – **Gratuit**

Le saviez-vous ?

Dormir avec son bébé démultiplie ses chances de mourir d'une mort subite

« 88 % des morts qui surviennent dans le lit des parents auraient probablement été évitées si l'enfant avait été couché sur le dos, dans un berceau à côté du lit des parents. »

Telle est la conclusion du professeur Bob Carpenter, de la London School of Hygiene and Tropical Medicine. Pour en arriver là, il a compilé cinq publications scientifiques internationales sur le sujet.

Il affirme par ailleurs que la probabilité qu'un bébé (de moins de trois mois et sans facteur de risque connu) décède de mort subite est multipliée par 5 s'il dort avec ses parents !

Aujourd'hui, la mort subite représente toujours 25 % des décès chez les nourrissons de moins d'un an.

Amis, je vous hais !

Sur *Facebook*, on vous encourage tout le temps à n'exprimer que des émotions positives, à aimer les posts de vos amis, sans jamais pouvoir exprimer votre haine ou tout simplement votre mécontentement. Heureusement, il y a ***Hate with friends !***

Sur ce site, vous vous connectez avec votre compte *Facebook* pour ***pouvoir identifier tout ceux que vous n'aimez pas.*** Pas de panique, ils ne seront jamais au courant de votre tri… À moins qu'eux aussi ne vous portent pas vraiment dans leur cœur. Si deux personnes ont mutuellement déclaré ne pas s'apprécier, les deux seront notifiées du choix de leur « ami ».

À terme, ***vos amis Facebook seront classés en trois catégories :*** tout le monde, ceux que je déteste et ceux qui ne m'aiment pas non plus.

www.hatewithfriends.com

TOP 5 des pays ayant la population la plus athée

5e ex aequo– L'Allemagne et la Corée du Sud (15 %)

4e – La France (29 %)

3e – La République tchèque (30 %)

2e – Le Japon (31 %)

1er – La Chine (47 %)

Source : *Étude WIN/Gallup de 2012, « Global index of religiosity and atheism »*

TOP 10 des pays les plus croyants

10e – Le Brésil (85 %)

9e – Le Pérou (86 %)

7e ex aequo – Le Kenya et l'Irak (88 %)

6e – La Roumanie (89 %)

5e – La Macédoine (90 %)

3e ex aequo – L'Arménie et les Fidji (92 %)

2e – Le Nigeria (93 %)

1er – Le Ghana (96 %)

Source : *Étude WIN/Gallup de 2012, « Global index of religiosity and atheism »*

Petit guide pour savoir quel type d'ours vous court après :

– Si vous courez et grimpez à un arbre et que l'ours grimpe aussi à l'arbre, c'est un ours brun.

– Si vous courez et grimpez à un arbre, et que l'ours secoue l'arbre pour vous en faire tomber, c'est un grizzly.

– Si vous courez et que vous ne trouvez pas d'arbre, c'est un ours polaire.

L'AROBASE EXISTE DEPUIS LE VI^E SIÈCLE !

Vous pensez que l'arobase était un symbole très récent, arrivé avec l'apparition d'Internet et des boîtes mails ? Alors vous vous fourvoyez ! Ce caractère est bien plus vieux que vous – même si vous êtes né avant Internet !

AU MOYEN ÂGE, LES SCRIBES UTILISAIENT DÉJÀ CE CARACTÈRE.

Il était alors considéré comme une ligature (ndlr : un signe liant deux caractères). Il liait alors le a et le d du mot latin ad, signifiant « à » ou « vers ». Pour aller plus vite, les moines copistes ont décidé d'abréger ce mot avec une sorte de « d » s'enroulant autour du « a » : l'arobase était née !

Au XIXe siècle, ce caractère revient en force via les États-Unis. On l'utilise pour remplacer le mot at, soit « à » en français. Il est tellement utilisé qu'il trouve rapidement sa place sur les claviers des machines à écrire, et débarque ensuite logiquement sur nos claviers d'ordinateurs.

EN 1971, IL TROUVE SA PLACE DANS TOUTES LES ADRESSES DE COURRIERS ÉLECTRONIQUES.

100 Vélib'
sont repêchés chaque année
dans **la Seine**

Un fumeur coûterait 4 600 euros de plus par an à son employeur qu'un non-fumeur.

Les pauses cigarettes génèreraient
un **manque à gagner**
de 2 350 euros
par an et par employé fumeur,
selon une étude américaine

Si le bouchon des stylos Bic a un trou, c'est tout simplement pour laisser circuler l'air s'il venait à rester bloqué dans une gorge.

CES STARS QUI ONT CHOISI DE VIVRE EN FRANCE

Elton John aime tellement Nice qu'il s'est offert une magnifique villa sur le mont Boron.

Céline Dion a dépensé 47 millions pour vivre dans la Villa Montmorency (un petit quartier très sécurisé et très luxueux de Paris), non loin de chez **Mylène Farmer**.

Natalie Portman a suivi son mari, **Benjamin Millepied**, dans la capitale française. Le chorégraphe a été nommé directeur de l'Opéra de Paris.

Michael Schumacher possède une villa sur les hauteurs de Cannes, à La Colle-sur-Loup. Il s'est également offert un vignoble à proximité.

Scarlett Johansson a choisi d'emménager à Paris, dans le 6e arrondissement, soit au cœur du Quartier Latin.

Sofia Coppola vit également dans le Quartier Latin, tout comme **Karl Lagerfeld**.

Mick Jagger préfère le calme de la campagne, puisqu'il s'est offert le château de Fourchette dans les années 1980. Il est situé dans le centre de la France, plus précisément à deux pas de Pocé-sur-Cisse (1600 habitants).

Brad Pitt et Angelina Jolie apprécient le soleil du Sud de la France, et plus particulièrement celui de Correns. Ils y ont acheté le château de Miraval, où ils produisent leur propre vin.

PEOPLERIES

Bono, le chanteur de U2, possède une belle maison proche des **Brangelina**, à Èze-Bord-de-Mer. Les stars s'invitent mutuellement à profiter des plaisirs du Sud de la France en été.

Halle Berry vit à Paris.

David et Victoria Beckham ont élu domicile sur les hauteurs de Saint-Tropez.

Lenny Kravitz possède une somptueuse demeure dans le 16e arrondissement de Paris, en bordure du bois de Boulogne.

Pete Doherty a préféré le 17e arrondissement et le quartier des Batignolles pour « fuir le fantôme » d'**Amy Winehouse**, après la mort de son amie.

2		8		9		7		
			2					
	1	9			7	3		4
	2							8
	5			6			4	
3							6	
8		5	7			9	3	
					8			
		1		3		8		2

On dit qu'une

personne

qui meurt voit sa vie défiler… C'est assez vrai puisqu'il a été prouvé que l'hémisphère gauche, siège des souvenirs, continuait de fonctionner pendant

7 minutes

après l'arrêt du cœur.

Clémence, blonde plantureuse, commence à peine sa partie de golf, qu'elle se fait piquer par une abeille. La douleur, intenable, la pousse à se rendre au Club House. Son entraîneur la voit arriver et lui lance :

– Pourquoi es-tu déjà revenue ? T'as pas réussi à appliquer mes conseils ?

– Oh si si…

Mais je me suis fait piquer par une abeille !

– Où ça ?

– Entre le premier et le deuxième trou.

– Ah, je vois… Tes pieds devaient certainement être trop écartés !

À bas la poussière !

Lorsque l'on s'adonne aux joies de la poussière, rien n'est plus énervant que de la voir se poser sur un meuble que l'on vient de nettoyer ! Autant dire que malgré toute votre bonne volonté,

il n'est pas toujours évident de voir une différence avant/après.

Pour éviter cela, il suffit d'avoir un vieux bas ou un collant usé. Insérez votre chiffon à poussière à l'intérieur de celui-ci et faites votre ménage comme d'habitude. Surprise ! La poussière ne se redéposera plus sur vos meubles !
Appréciable, non ?

TITANIC

15 AVRIL 1912 01H15

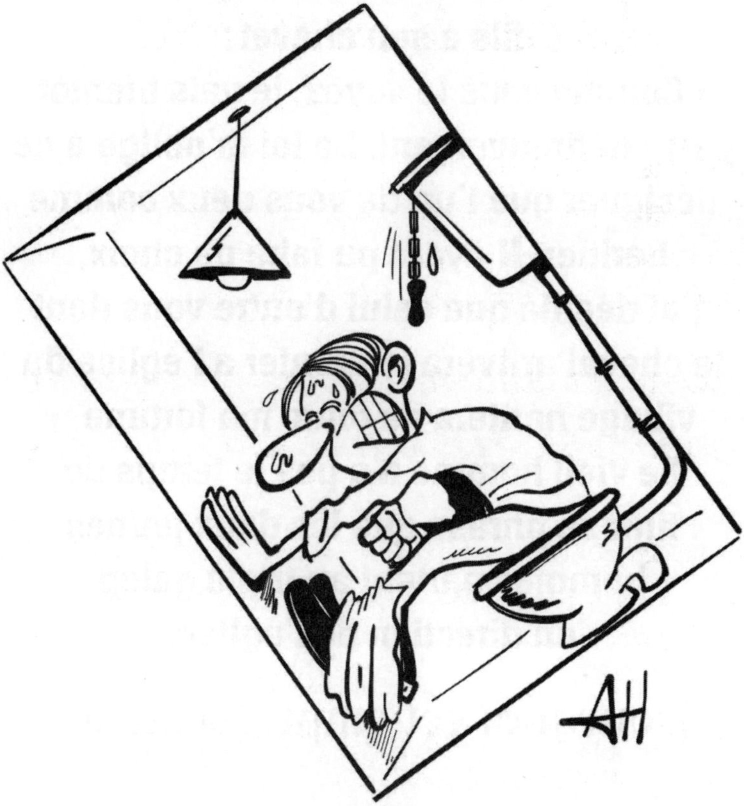

Énigmes

Triste jour : le marchand le plus puissant de la ville se meurt. Il convoque ses deux fils à son chevet :
« Comme vous le voyez, je vais bientôt partir définitivement. La loi m'oblige à ne désigner que l'un de vous deux comme héritier. N'ayant pu faire de choix, j'ai décidé que celui d'entre vous dont le cheval arrivera le dernier à l'église du village héritera de toute ma fortune. »
Le vieil homme n'a pas le temps de finir sa phrase que les deux jeunes hommes partent au triple galop en direction de l'église.

Pourquoi cet empressement ?

Réponse :
chacun est monté sur le cheval de l'autre !

TITANIC

15 AVRIL 1912 2H35

MIEUX QUE FAIRE DU SPORT : REGARDER DU SPORT !

Et si au lieu d'aller transpirer dans le parc le plus proche, vous restiez tranquillement avachi sur votre canapé pour faire du sport ?

Des scientifiques de l'école de médecine de l'Université de Sydney-Ouest viennent de prouver que

REGARDER UNE PERSONNE FAIRE DU SPORT DÉCLENCHAIT LES MÊMES RÉACTIONS CORPORELLES CHEZ CELUI QUI REGARDE QUE CHEZ CELUI QUI TRANSPIRE.

En clair, si vous regardez une personne courir à la télé, votre rythme cardiaque va augmenter, votre transpiration se mettre en route, votre respiration s'accélérer et votre circulation sanguine s'accroître. Tout comme si vous étiez à sa place.

Ça ne remplace évidemment pas un réel exercice physique… Mais c'est toujours bon à savoir !

Source : *Frontiers in Autonomic Neuroscience*

Saviez-vous que la couleur et la forme de nos assiettes, ainsi que celles de nos couverts, conditionnaient notre goût ?

Cela a été prouvé scientifiquement !

Pour tester vous-même ce phénomène, manger un yaourt avec une cuillère en métal habituelle ; puis renouvelez l'expérience avec une cuillère en plastique blanche. Le yaourt ne vous semble-t-il pas plus onctueux ?

J'ai du mal à compr€ndr€ l€s g€ns qui s€ l€v€nt pour all€r travaill€r. Ils doiv€nt avoir un€ bonn€ raison mais j€ n€ vois pas laqu€ll€.

TOP 5 des gens formidables… une fois morts !

1. Alain Bashung

Lorsque le chanteur décède en 2009, la Terre s'arrête de tourner. Il est devenu un géant que tout le monde adorait. On oublie ses creux de la vague, et on interdit aux gens de ne pas aimer Bashung.

2. Michael Jackson

Décidément, 2009 était une sombre année. Le King of Pop meurt. Celui qui a révolutionné la pop dans les années 1980 n'a quand même pas fait grand-chose depuis les années 1990. **La terre entière se moque de ses opérations de chirurgie esthétique**, et l'idole est salie dans de soi-disant affaires de pédophilie. Une fois mort, son côté sombre s'éclaircira autant que sa peau, et seul Thriller restera dans les mémoires.

3. Grégory Lemarchal

Honnêtement, si ce brave garçon n'était pas mort à 24 ans, en 2007, d'une mucoviscidose, ne serait-il pas tombé dans les mêmes oubliettes que Magali Vaé, autre gagnante de la Star Academy, qui a connu une gloire plus qu'éphémère ?

4. Jacques Vergès

Du célèbre avocat disparu en 2013, on préférera dire qu'il était un peu controversé, très intelligent, plutôt qu'il s'agissait d'**une pourriture qui défendit le nazi Klaus Barbie ou le terroriste Carlos** (Hum, n'avez-vous pas hâte de savoir ce que l'on va dire lorsque Jean-Marie Le Pen, ou son nouveau copain maître Collard, casseront leur pipe ?)

5. Jacques Chirac

Non, il n'est pas encore mort, c'était un piège. Mais je parie que l'on se souviendra plus du sympathique buveur de bière, voire du gaucho qui s'ignore, que du loup politique qui n'a pas hésité à planter quelques poignards dans pas mal de dos… Sinon, on est bien d'accord, la liste est encore longue…

Source : *ILikeItOrNot.wordpress.com*

Alerte célébrités !

Vous êtes fan d'une célébrité et pourtant vous ratez chacun de ses passages à la télé ou à la radio ? Fini la frustration avec l'application

onAir

Vous lui indiquez quelle personnalité vous souhaitez suivre et

l'application se chargera de vous envoyer une alerte

à chacun de ses passages à la télé ou à la radio.

Bonus : vous pouvez entrer autant de personnalités que vous le souhaitez !

onAir – Disponible sur iPhone, iPod Touch et iPad – **Gratuit**

Le WEB du WCB

Plus d'abonné au numéro demandé

S'inscrire sur un site se fait en trois clics. Mais une fois que l'on a été submergé de mails, ou que l'on n'a tout simplement plus besoin du site en question, ***supprimer son compte relève le plus souvent d'un vrai parcours du combattant!***

Heureusement, un développeur britannique a décidé de voler à notre secours. Sur son site ***Just Delete Me***, on retrouve des dizaines de sites pour lesquels il explique le chemin à suivre pour se désinscrire.

Un code couleur a été installé pour évaluer en un coup d'œil la facilité (ou non!) de la suppression de votre compte:

– vert: facile
– jaune: moyen
– rouge: difficile
– noir: impossible

À vous de jouer!

www.justdelete.me

JEUX

MOTS MÊLÉS

Spécial WC Book

Saurez-vous retrouver chacun des mots cachés dans ce tableau? Les mots peuvent être écrits horizontalement, verticalement et à l'envers.

Mots à trouver:

1) CONTREPÈTERIES
2) APPLICATIONS
3) SAVIEZ-VOUS
4) DEVINETTES
5) ONOMATOPÉE
6) CELEMONDO
7) CITATIONS
8) QUESTIONS
9) TOILETTES
10) CHIFFRES
11) INSOLITE
12) POURQUOI
13) BLAGUES
14) CULTURE
15) DESSINS
16) ÉNIGMES
17) RÉSEAUX
18) HUMOUR
19) PEOPLE
20) DRÔLE
21) LIVRE
22) JEUX
23) TEST
24) TOP
25) WEB

JEUX

S	U	O	V	-	Z	E	I	V	A	S	R	E	X	I	S	G	F
S	N	O	I	T	A	T	I	C	U	X	A	É	N	O	E	O	W
S	N	O	I	T	A	C	I	L	P	P	A	P	Z	U	M	D	O
S	E	I	R	E	T	E	P	E	R	T	N	O	C	Q	G	W	F
E	R	V	I	L	M	K	K	M	S	R	A	T	S	R	I	I	R
C	A	D	E	S	S	I	N	S	X	C	G	A	I	U	N	N	A
H	C	P	P	E	O	P	L	E	H	Z	I	M	A	O	E	X	T
I	E	X	W	Y	V	Z	D	R	O	L	E	O	L	P	X	E	Y
F	L	D	E	V	I	N	E	T	T	E	S	N	Z	J	R	N	F
F	E	T	O	I	L	E	T	T	E	S	S	O	B	E	E	J	V
R	M	W	W	Y	A	B	L	A	G	U	E	S	N	U	S	P	N
E	O	T	O	P	T	I	N	S	O	L	I	T	E	X	E	O	B
S	N	Z	T	E	S	T	B	C	I	U	G	Y	R	E	A	W	D
X	D	C	U	L	T	U	R	E	R	K	L	Y	F	Z	U	A	F
G	O	H	J	H	U	M	O	U	R	K	O	R	K	D	X	A	J
E	Q	U	E	S	T	I	O	N	S	R	W	E	B	B	E	A	B
L	E	Q	P	J	F	O	L	L	O	W	E	R	S	B	K	L	N
T	X	W	O	W	G	D	A	T	A	N	O	L	I	F	E	N	W

Le saviez-vous ?

« En fait » est l'expression la plus utilisée en France !

AVOIR LA DALLE ?

Lorsqu'une personne a très faim, elle peut dire : « J'ai la dalle ! »

L'expression est née au XIVᵉ siècle, époque à laquelle on utilisait le mot **« dalle » pour désigner une gouttière**.

Par extension, ce mot n'a pas tardé à désigner également le gosier. Une personne ayant **« la dalle en pente »** *était donc une personne à qui de grandes quantités d'alcool ne faisaient pas peur !*

Avec le temps, l'expression a été raccourcie pour devenir « avoir la dalle », au sens qu'on lui connaît aujourd'hui.

Les meilleurs tweets

Je vole, tu voles, il vole, nous tombons, nous prisons. (Bescherelle de banlieue)

« Qui à Noël se détend, à Pâques y s'tend... »
Et c'est un œufémisme.

D'après mes calculs, la puissance d'un coton-tige est d'environ deux ouates.

Avoir une auréole ne signifie pas que vous êtes un saint, mais en avoir deux signifie assurément que vous transpirez...

« Je me battais contre des moulins, mais ça, c'était à vent. » Don Quichotte.

J'aime regarder les filles qui marchent sur l'alpage. Elles me rendent chèvre.

L'ÉTAT DE HAWAÏ A CHANGÉ LE FORMAT DE SES CARTES D'IDENTITÉ POUR L'UNE DE SES HABITANTES !

Cette dernière se prénommant Janice Keihanaikukauakahihuliheekahaunaele, (soit 35 lettres pour son seul nom de famille !), son nom ne tenait pas sur les dimensions initiales du document.

Annette :

Chéri, tu sais que c'est le 14 février aujourd'hui ?

Francisco :

Oh… Tu y penses !

Annette :

Oui. T'as vu la date limite des yaourts ? Faut les finir ce soir !

Quels sont les noms des trois villes françaises (existantes !) permettant d'obtenir le nombre 21 en les combinant ?

Réponse :

Troyes, Foix et Sète car 3 x 7 = 21 !

Star Trek Into Darkness

est le film le moins aimé de la saga, selon un sondage mené auprès des Trekkies, les puristes de la célèbre série de longs métrages. A contrario, le plus aimé de tous est

Star Trek II,

sorti en 1982.

Les élèves et les toilettes

Selon un rapport de l'OMS, les élèves de collèges et de lycées français ont un vrai problème avec les toilettes de leur établissement. Résultat : beaucoup se retiennent et attendent de rentrer chez eux pour se soulager. Quand on sait que

dans 61 % des écoles françaises, le nettoyage n'est effectué qu'une seule fois par jour,

on les comprend...

42 % regrettent un manque de papier chronique.

32 % se plaignent de l'odeur des lieux.

23 % notent un important manque de propreté.

12 % ne trouvent pas assez d'intimité dans ces lieux.

À la rédaction, on pense plutôt que les jeunes se retiennent car les établissements n'ont pas pourvu leurs toilettes de *WC Book* !

La bonne appli au bon moment

Avec le temps, on multiplie les applications téléchargées sur nos smartphones. On finit par en avoir tellement qu'on perd énormément de temps à les retrouver quand on en a besoin !

Cover

permet désormais d'afficher sur votre écran de verrouillage les applications dont vous pourrez avoir besoin à l'instant T.

Vous montez en voiture pour partir au travail ? Cover vous affiche des raccourcis pour vos applications de GPS ou vos appels. Vous arrivez au bureau ? Il vous affiche des raccourcis permettant d'augmenter votre productivité. De retour chez vous ? Place à la détente, avec la mise en avant de jeux et autres réseaux sociaux.

Cover – Disponible sur Android – **Gratuit**

MESSAGE IMPORTANT !
FAITES ATTENTION, VOUS ALLEZ FAIRE SUR LE SOL !
?
FAITES ATTENTION, VOUS ALLEZ FAIRE SUR LE SOL !
!?

MON COACH ZEN ET BIEN-ÊTRE
avec maviedefemme.com

SEXE : CHOISISSEZ LE BON MOMENT !

Comment être sûr de donner et de recevoir du plaisir à tous les coups ? Quels sont les moments les plus propices pour faire l'amour ? Suivez les biorythmes...

Les biorythmes, ou ce que nous appelons communément notre horloge biologique, régissent et programment le fonctionnement de notre organisme. Ils interviennent dans les tâches fondamentales de notre existence : sommeil, activités physique ou intellectuelle, alimentation, et bien sûr, sexualité.

Le sexe nécessite une synchronisation de désirs qui s'avère parfois compliquée. Et elle est d'autant plus difficile à mettre en œuvre que nos besoins et nos pulsions sont régies par les biorythmes, différents pour les hommes et les femmes. Certains de ces biorythmes sont liés aux sécrétions d'hormones, d'autres sont soumis aux changements des saisons, aux variations jour/nuit, etc.

CONCRÈTEMENT, À QUELLE HEURE ?

Les biorythmes les plus connus sont ceux liés aux érections matinales. Tous les matins, entre 7 et 9 heures, a lieu le pic de testostérone et de cortisol chez l'homme. L'action simultanée de ces deux hormones provoque une érection qui n'est pas forcément liée au désir, mais on peut en profiter sans problème.

Quant aux femmes, les sondages les disent peu réceptives le matin… Mais rassurez-vous, pour la soirée, la chronobiologie homme/femme est synchronisée. **Entre 5 et 7 heures du soir, c'est le créneau de l'énergie sexuelle et de la performance physique pour les deux sexes !**

Les femmes sont surtout soumises au rythme des cycles de fécondité. Mère nature, afin de perpétuer l'espèce, les a dotées d'un appétit sexuel plus grand en période d'ovulation (au 14e jour du cycle menstruel). Grâce à l'afflux d'œstrogène et de progestérone, elles sont beaucoup plus entreprenantes à ce moment-là.

MON COACH ZEN ET BIEN-ÊTRE
avec maviedefemme.com

LES SAISONS INFLUENCENT-ELLES LE DÉSIR ?

Selon plusieurs indices (pic des ventes de préservatifs en été, fort taux de naissances en avril et mai...), notre sexualité connaît un pic saisonnier situé en été. Quelles en sont les raisons ? D'abord, c'est l'atmosphère la plus propice aux relations sexuelles : la luminosité plus importante nous donne plus d'énergie et plus d'envie, la chaleur permet des tenues légères et dénudées, les phéromones sécrétées avec la sueur provoquent le rapprochement.

C'est aussi le pic de testostérone fin août-début septembre chez les hommes.

Nous avons voulu vous montrer ici l'importance des biorythmes, mais sachez cependant que la sexualité est extrêmement sensible à la place qu'on lui accorde : ne la faites pas passer après le boulot, les enfants ou les amis, et vous verrez que votre sexualité restera vivante, quelle que soit la période de la journée ou de l'année.

LES GÂTEAUX OREO AUSSI ADDICTIFS QUE LA COCAÏNE !

Aussi incroyable que cela puisse paraître, c'est pourtant le résultat d'une étude très sérieuse menée par des chercheurs américains : oui,

LES OREO DÉVELOPPERAIENT CHEZ NOUS LA MÊME ADDICTION QUE SI L'ON PRENAIT DE LA COCAÏNE !

Selon l'étude de ces scientifiques, les réactions dans le cerveau des rats de laboratoire sont les mêmes lorsqu'on leur injecte de la cocaïne, que lorsqu'on les met face à quelques biscuits. En résumé, les aliments saturés en graisses et en sucres ont le même impact sur nous que les drogues dures.

Le WEB du WCB

L'alerte anticrise !

En ces temps de crise, on n'a qu'une envie : se faire plaisir en dépensant le moins possible. Alors quand on a un besoin (ou tout simplement un coup de cœur), on écume le Web à la recherche du meilleur prix. Et quand on tombe face à des prix trop élevés, on se dit qu'on y reviendra plus tard, quand l'objet tant convoité sera moins à la mode, donc moins cher. Mais grâce à ***Pricemetry***, tout cela sera bientôt de l'histoire ancienne !

Sur ce site, vous signalez le produit que vous aimeriez vous offrir.

Dès que le prix sera en baisse sur le web, un mail vous sera automatiquement envoyé pour que vous puissiez vous l'acheter. Plus encore, vous pouvez carrément installer un petit bouton sur votre navigateur préféré pour enregistrer encore plus facilement vos coups de cœur sur plus d'un millier de sites référencés, parmi lesquels *BrandAlley*, *Cdiscount*, *Spartoo* ou encore *Amazon*.

Qu'est-ce qui peut bien faire qu'un homme au lit se mette à crier votre nom en reprenant péniblement son souffle ?

Vous n'avez pas maintenu l'oreiller sur lui assez longtemps !

Le plus long mot allemand comportait

63 lettres.

Il s'agissait de

**Rindfleischetikettierungsübe-
rwachungsaufgabenübertra-
gungsgesetz !**

Ce mot a été inventé pendant la crise de la vache folle pour désigner la loi de transfert des obligations de surveillance de l'étiquetage de la viande bovine. Il a été supprimé à la fin de cette période compliquée pour les agriculteurs.

Le film *Charade*, avec Cary Grant et Audrey Hepburn, a une particularité fort singulière…

Dès le jour de sa sortie, il est tombé dans le domaine public !

Pourquoi ? Tout simplement parce qu'*Universal Pictures* a oublié d'insérer la mention de *copyright* dans son film !

Survie : TOP 5 des aliments à emporter

Si jamais vous devez survivre au milieu de rien, voilà les aliments qui vous sauveront très certainement la vie :

5 - Les haricots

Il en existe plusieurs variétés sauvages, et la plupart sont très nourrissantes. L'occasion pour vous de maintenir un taux correct de fer et de calcium.

4 - Le kiwi

Un fruit qui saura vous apporter plus de vitamine C qu'une orange, et davantage de potassium qu'une banane. Plus sûr que les baies, vous ne risquez pas de le confondre avec une variété vénéneuse.

3 - Les algues

Bien que l'on en mange peu par chez nous, beaucoup de nos voisins n'hésitent pas une seconde ! Très riches en vitamines et minéraux, les algues vous offrent de bonnes chances de survie si vous êtes coincé sur une île !

2 - Le melon

Non seulement ce fruit est très bon, mais en plus **il regorge d'eau** (important s'il fait très chaud), de potassium, ainsi que de vitamines A et C.

1 - Le poisson

Voilà le gros avantage d'être isolé sur une île : vous allez pouvoir vous nourrir de poissons (ce qui est très bon pour la santé) ! Et pas de panique si vous êtes incapable d'allumer un feu, la très grande majorité d'entre eux peut se consommer crue !

Si votre maison est envahie de mouches,

pensez à installer des pieds de tomates devant chaque fenêtre. Non seulement vous pourrez vous régaler tout l'été, mais en plus, vous n'aurez plus cette désagréable compagnie chez vous.

AVEZ-VOUS DÉJÀ RÉFLÉCHI AU FAIT QUE VOUS NE POURREZ JAMAIS RÉELLEMENT SAVOIR À QUOI VOUS RESSEMBLEZ ?

Certes, vous vous êtes déjà vu en photo et en vidéo, mais à moins de pouvoir vous dédoubler, vous ne vous êtes jamais vu de la même manière que les autres vous voient chaque jour... Vous ne pouvez voir que des reflets de votre être, plus ou moins fidèles, de plus ou moins bonne qualité.
Triste, non ?

Jean-Paul Baudecroux a créé la radio NRJ en 1981, après l'élection de François Mitterrand.

Son père, chimiste, est très célèbre puisqu'il a inventé le rouge à lèvres indélébile ! Jean-Paul Baudecroux détient toujours 72,6 % des parts de NRJ. Une petite entreprise qui ne connaît pas la crise puisqu'elle s'est étendue à la télévision et à la production de spectacles, sans compter les radios rachetées par son propriétaire !

TEST

Saurez-vous retrouver la réelle chute de ces faits divers ?

1. **À Nîmes, un adolescent a tenté de braquer un buraliste. Comment a-t-il réagi lorsqu'il a été pris en flagrant délit par la police ?**

   A. Il a fondu en larmes et a appelé sa maman.

   B. Il s'est évanoui, a cogné sa tête sur le comptoir en tombant, et il en est mort.

   C. Il a retiré son costume de kangourou.

2. **À Pernes-les-Fontaines, un homme aperçoit sa voisine nue dans son jardin, ligotée et fouettée par deux hommes énervés. Ni une, ni deux, il appelle la police.**
   Que vont découvrir les forces de l'ordre ?

   A. Que la jeune femme est consentante et « ravie » de ce traitement.

   B. Qu'il s'agissait d'une expédition punitive à connotation religieuse et ils vont arrêter deux terroristes recherchés.

   C. Que les deux hommes s'entraînaient sur un mannequin en vue de leur prochaine soirée SM.

TEST

3. À Molina, au Chili, une femme de 39 ans suspecte son mari de lui avoir volé 10 000 euros. Une violente dispute éclate. Que se passe-t-il ensuite ?

A. Son mari finit par lui avouer qu'il avait pris cet argent pour lui offrir la plus belle des lunes de miel.

B. Son mari la tue et laisse ses chiens dévorer son corps.

C. Elle tue son mari d'une balle dans la tête, le découpe en morceaux et le fait mijoter dans une grande marmite, avant de jeter son corps dans une décharge publique.

4. Le 1er avril, un réceptionniste sort fumer une cigarette. Il se retrouve face à un corps inerte, au centre d'une mare de sang. Que fait-il ?

A. Rien, c'est le 1er avril. Il fume sa cigarette tranquillement, jette son mégot à proximité du corps et retourne travailler. C'est grâce à son déchet qu'il sera identifié et purgera une peine de prison pour non-assistance à personne en danger.

B. Pour lui, ce corps est simplement un poisson d'avril pas drôle. Il ramasse donc le corps et le jette à la poubelle. Il sera ensuite licencié car il s'agissait d'une vieille dame de 96 ans qui s'était suicidée en se jetant du 16e étage.

C. Il hurle d'effroi, ce qui a pour effet d'attirer tous les clients de l'hôtel. Certains appellent la police, qui arrive rapidement. Il s'agissait en réalité d'un mannequin mis en scène pour le 1er avril. Le réceptionniste a été licencié pour avoir importuné autant de monde pour une blague.

TEST

5. **Un homme dépose une bombe à Dublin en avril 2014. Alors qu'il était en train de la positionner, cette dernière lui explose au visage. Comment est-ce possible ?**

   A. Il avait oublié le changement d'heure et sa minuterie n'était donc pas correctement paramétrée.

   B. Il a tout bêtement appuyé sur le déclencheur en voulant activer la minuterie.

   C. Il a glissé sur une peau de banane, a chuté et la bombe a explosé.

6. **À Garges-lès-Gonesse, deux voisins en viennent aux mains. L'un des deux est armé d'un couteau et poignarde l'autre à deux reprises, le laissant entre la vie et la mort. Quelle est l'origine de leur dispute ?**

   A. L'homme gravement blessé a refusé de donner du sel au second.

   B. L'homme gravement blessé s'est essuyé les pieds sur le paillasson de son voisin.

   C. L'homme gravement blessé a garé sa voiture sur l'emplacement de son voisin.

7. **À Villefranche-sur-Saône, un homme se fait passer pour un policier, talkie-walkie en main. Il arrête un motard et réquisitionne son véhicule. Que se passe-t-il ensuite ?**

   A. Il n'arrive pas à démarrer la moto. L'homme comprend qu'il est victime d'un vol et le frappe violemment.

   B. Il monte sur la moto, met les gaz et s'enfuit. Quelques minutes plus tard, il a un accident à un carrefour et meurt.

   C. Il vole la moto et se fait arrêter 200 mètres plus loin par la police. Il ne peut logiquement pas présenter les papiers de son véhicule. Les forces de l'ordre l'emmènent au commissariat où il avouera son délit.

TEST

8. **À Saint-Denis, la fête bat son plein dans la salle des fêtes. Mais un homme, qui voulait prendre part à la soirée, se voit refuser l'entrée par le service d'ordre. Et là, c'est le drame !**
   Que se passe-t-il ?

   A. Il revient une heure plus tard, armé d'un fusil à canon scié, et tire sur les personnes présentes devant la salle des fêtes.

   B. Il urine sur l'un des videurs, qui lui tournait le dos.

   C. Il s'agissait du fils de Nicolas Sarkozy. L'ancien Président était à l'intérieur. Quand il a appris la nouvelle, il s'est copieusement énervé et a fait virer tous les videurs.

9. **En Pennsylvanie, un couple passe une soirée arrosée à son domicile. Tout se passe bien, jusqu'à ce que l'homme décide de quitter les lieux sans raison apparente.**
   Que se passe-t-il ensuite ?

   A. L'homme n'a pas le temps d'arriver sur le perron, qu'il tombe et s'endort sur les marches de sa maison. Il sera réveillé à coups de seaux d'eau le lendemain matin par son beau-père venu jardiner.

   B. Sa femme ne voit pas d'inconvénient à ce qu'il s'en aille, mais il doit lui laisser la dernière bière. Il refuse. Elle le poignarde.

   C. Sa femme n'y voit pas d'inconvénient, s'il jette les bouteilles de verre. Il refuse. Elle lui jette une dizaine de bouteilles en pleine tête. Il perd la vue.

TEST

10. Theo Lester, jeune Anglais de 6 ans, vit un véritable enfer chaque fin d'année. Oui, mais pourquoi ?

A. Il a une très forte allergie aux sapins. S'il en approche un, il risque mourir d'une asphyxie en quelques instants.

B. Il a une très grande phobie du Père Noël. Dès qu'il en croise un, il convulse, ne tient plus debout, et finit à chaque fois à l'hôpital.

C. L'an passé, il a marché dans de la poudreuse et s'est retrouvé complètement enseveli sous la neige. Il est resté dans ce trou pendant 5 heures, avant que les pompiers ne le retrouvent. Depuis, dès qu'il voit de la neige, il panique et vomit sans discontinuer.

11. En Allemagne, une jeune femme a tenté d'assassiner son compagnon à l'aide d'une drôle d'arme. De quoi s'agissait-il ?

A. Elle a tenté de l'étouffer avec un jouet pour adulte d'une taille plus que respectable.

B. Elle a essayé de lui couper la tête avec son CD préféré.

C. Elle a voulu l'étouffer entre ses seins d'un bonnet E.

12. Une femme de 70 ans se trouvait sur la place du marché de Draguignan. Quelques minutes plus tard, elle se retrouvait aux urgences. Qu'a-t-il bien pu se passer entre temps ?

A. Elle a perdu l'équilibre sur un noyau de cerise et s'est frappé la tête sur le sol en chutant.

B. Le parasol du stand sur lequel elle se trouvait s'est violemment refermé sur elle.

C. Elle s'est pris une télé sur la tête.

TEST

13. En gare de Mulhouse, les passagers attendant sur le quai ont eu une drôle de surprise en voyant leur train arriver. De quoi s'agissait-il ?

A. Le train avait été repeint en rose.

B. Un cadavre était accroché à l'avant du train.

C. Un orchestre symphonique en est sorti, instruments en mains.

14. Si aujourd'hui Colm McCarron, 35 ans, est en vie, c'est littéralement grâce à sa fille de 9 ans. Pourquoi ?

A. Il s'est évanoui au volant de sa voiture. Sa fille a rapidement pris les commandes et tiré le frein à main.

B. À ski, ils sont partis en hors-pistes. Colm a lourdement chuté et s'est évanoui. La petite fille l'a tiré jusque sur la piste, avant d'appeler les secours.

C. Colm a fait une crise cardiaque suite à une violente crise d'allergie. Sa fille lui a alors donné des coups de pieds dans la cage thoracique pour le maintenir en vie. Formée aux premiers secours, elle avait compris que ses bras ne seraient pas assez puissants.

Réponses :
1. C. / 2. A. / 3. C. / 4. B. / 5. A. / 6. C. / 7. B. / 8. A. / 9. B. / 10. A. / 11. C. / 12. C. / 13. B. / 14. C.

Des Chiffres, Des Chiffres

1 litre d'eau potable sur 5 est perdu en France.

En **1 an**, on gaspille ainsi l'équivalent de

430 000 piscines olympiques !

La faute aux fuites d'eau le long des

850 000 km de canalisations

françaises.

Chaque année, on perd donc

1 300 milliards de litres d'eau potable !

Pour résoudre le problème,
il faudrait investir entre

1,5 et 2 milliards d'euros

par an.

Source : *60 millions de consommateurs*

Les nuages

les plus hauts évoluent à une altitude comprise entre 75 et 85 km. Ils sont nommés nuages noctulescents. On ne peut les voir qu'une fois le soleil couché, d'où leur nom signifiant « qui brille dans la nuit » !

Humour

C'est l'heure d'une petite réunion en la paroisse d'Oyonnax. Tous les fidèles les plus fervents sont réunis. Comme chaque semaine, le curé en profite pour poser une question de fond :

« Que feriez-vous s'il ne vous restait plus qu'un mois à vivre ? »

Laurent, au premier rang, s'empresse de répondre :

– Moi, je me retirerais dans un monastère à la montagne afin de prier pour mon salut et celui de l'humanité !

– Très bien, mon fils. **Et vous, Francisco ?**

– Moi, j'irais vivre chez ma belle-mère.

– Ah bon ? Et pourquoi donc ?

– Tout simplement parce que ce serait le mois le plus long de mon existence !

Énigmes

Le chef s'adresse à son tout nouveau commis. « Si tu trouves une solution à cette énigme, tu signes dans la minute ton CDI. Tu as 10 carottes, plongées dans une casserole d'eau froide. Tu dois les faire cuire sans chauffer le récipient et en laissant les carottes dans la casserole. Bonne chance. »

Et pourtant, le jeune va très rapidement signer son CDI.

Comment a-t-il fait ?

Réponse :

il a enlevé 2 carottes de la casserole. Alors les carottes étaient qu'huit (cuites) !

Gardez vos distances !

Dans la vie, on a toujours des personnes que l'on ne veut absolument pas croiser. Et manque de pot, c'est bien souvent sur celles-ci que l'on tombe le plus fréquemment ! Si vous souhaitez éviter ce genre de problème,

Split

est faite pour vous.

Cette charmante application vous propose de lister, via les réseaux sociaux, toutes les personnes que vous ne voulez plus voir. Elle se charge ensuite de les localiser, toujours via les réseaux sociaux, pour vous indiquer où ne pas vous rendre. Une alerte vous sera envoyée si vous vous rapprochez d'une zone dangereuse. Si malgré tout, vous risquez de croiser l'un d'entre eux,

Split vous indiquera quel itinéraire prendre pour vous échapper incognito.

Bonus : l'application vous envoie également une alerte si l'une de ces personnes black-listées a décidé d'aller au même événement que vous !

Split – Disponible sur iPhone, iPod Touch, iPad et Android – **Gratuit**

En cas d'aphte douloureux,

il suffit de déposer un peu de bicarbonate de soude sur ce dernier. Non, ça ne pique pas. Cela vous permettra même de ne plus avoir mal !

Ce geste simple et peu onéreux est à renouveler matin et soir jusqu'à disparition du problème.

Le WEB du WCB

Jamais sans club !

À la question « Qu'aimerais-tu faire quand tu seras grand ? », beaucoup d'enfants répondent : « Devenir footballeur ! », mais bien peu parviennent à en vivre. Un triste constat quand on voit le niveau du foot en France...

Avec les nombreux licenciés que compte le sport numéro 1 de notre beau pays, il est bien compliqué de percer dans ce milieu, surtout quand on n'est pas passé par la case centre de formation.

Guillaume Lovergne, ancien gardien de but, a décidé d'aider les plus talentueux amateurs. Pour cela, il a créé le site et l'association ***NoWaive***, signifiant « ne pas renoncer » en anglais. Il propose à chacun de se créer un profil en renseignant son palmarès, ses caractéristiques, sa progression... Le but : créer une équipe de 40 joueurs amateurs qui partiront défier des équipes professionnelles, le tout sous l'œil aguerri de recruteurs français et étrangers, évidemment ! Une belle façon de se démarquer et, pourquoi pas, de signer un contrat professionnel !

Dernier avantage : les entraîneurs peuvent faire des recherches personnalisées en renseignant le poste qu'ils aimeraient trouver, l'âge et la région. Un bon moyen pour les joueurs prometteurs de ne pas rester sans club !

www.nowaive.org

Ce matin, je suis resté au lit et je me suis fait la grasse moite...

– On ne dit pas la « grasse moite », mais la « grasse mat' » !

– ... Pas quand je te parle de ma femme !

TOP 10 des mots qui nous manquent en français

On a beau avoir plus de 270 000 mots dans notre belle langue, il nous en manque encore pas mal ! Petites suggestions à insérer dans votre vocabulaire… Si vous arrivez à les prononcer !

10 - Voorpret (néerlandais) : joie intense ressentie à l'approche d'un grand événement.

9 - Forelsket (norvégien) : l'euphorie ressentie la première fois que l'on tombe amoureux.

8 - Age-otori (japonais) : être moins beau en sortant de chez le coiffeur qu'avant d'y entrer.

7 - Pana Po'o (hawaïen) : se gratter le crâne pour aider à se souvenir.

6 - Sgriob (gaélique) : brûlure de la lèvre supérieure due à une gorgée de whisky.

5 - Vybafnout (tchèque) : faire peur à quelqu'un en criant « bouh ».

4 - Schadenfreude (allemand) : bonheur tiré du chagrin d'autrui.

3 - Pochemuchka (russe) : personne posant trop de questions.

2 - Layogenic (tagalog, langue des Philippines) : personne attirante… mais uniquement de loin !

1 - Jayus (indonésien) : blague tellement mal racontée et si peu drôle qu'elle finit par faire rire.

De

1978 à 2004,

Roscoe Tanner détenait le record du service de tennis le plus rapide du monde avec une pointe à

246 km/h.

Le record est actuellement détenu par Samuel Groth, avec une vitesse de

263 km/h !

UN SOUTIEN-GORGE MASQUE À GAZ

L'Emergency Bra est un soutien-gorge qui se transforme en masque à gaz lorsque le besoin s'en fait ressentir. Le Dr Elena Bodnar, traumatisée par l'accident de Tchernobyl, est à l'origine de cette drôle de création. Équipé d'un détecteur de radiations,

LE SOUS-VÊTEMENT AVERTIT CELLE QUI LE PORTE DE LA PRÉSENCE DE RAYONS GAMMA OU DE RADIATIONS IONISANTES.

L'appareil permet en outre de se protéger d'une attaque de type NBC (nucléaire, bactériologique ou chimique)… ou tout simplement de

RÉSISTER À UN JET DE LACRYMO LORS D'UNE MANIFESTATION !

Messieurs, inutile de vous indigner de ne pas pouvoir vous protéger aussi facilement que les femmes en cas d'attaque ! Il vous suffit de trouver une femme portant un Emergency Bra puisque chacun des bonnets suffit à protéger une personne…

JEUX

MOTS CROISÉS

Horizontalement

A – Dentiers
B – Contrefaçons
C – Personne jouant sur les deux tableaux – Stupide
D – Hérétique chrétienne – Absorbé
E – Avec un collant, il est super – Change d'air
F – Devenir blanc – Négation
G – Chanteuse du groupe Scandal – Pronom
H – Dons – Il avait une belle arche
I – Pronom – Enlève – Note musicale
J – Entraînerais

Verticalement

1 – Cascade
2 – Officier de marine – Pronom
3 – Pronom plaisantin – Flemme aiguë
4 – Me – Positionna
5 – Note musicale – Lilliputien – Langue
6 – Ambulante
7 – Oiseau – Ressources éducatives libres
8 – Ancien prince – Greffe
9 – Poseur – Commune des Pyrénées – Rigolé
10 – Oiseaux

JEUX

	A	B	C	D	E	F	G	H	I	J
1										■
2										
3			■		■					
4								■		
5				■					■	
6							■			
7		■					■			
8					■				■	
9				■				■		
10										

www.maviedefemme.com

et Marie Dewulf,

astrologue réputée,

vous présentent :

L'HOROSCOPE 2015

Horoscope

BÉLIER

(21 mars – 20 avril)

Votre ciel de 2015

Ciel ébouriffant, essentiellement pour les natifs du 2e décan. Un visiteur céleste, pétillant d'énergie, met un tigre dans votre moteur ; ce qui peut parfois vous pousser à l'insolence ou à la révolte, mais également à être audacieux et entreprenant. Attention toutefois à ne pas confondre vitesse et précipitation ! Les natifs du 1er décan ont fait le plein d'énergie et poursuivent leur route. Ceux du 3e décan regardent les bourrasques avec curiosité.

Amours et relations

« En mai, fais ce qu'il te plaît ! » Voilà un adage qui prendra tout son sens en ce joli mois de mai. Vous dire que l'amour sera dans l'air est un doux euphémisme ! Un climat en crescendo depuis le début d'année, qui atteindra son point d'orgue en mai… et ne retombera pas le reste de l'année !
Si votre cœur a quelques soucis, ils seront balayés. Si votre cœur soupire, il obtiendra ce qu'il désire. Si votre cœur a quelques fêlures, c'est un baume de tendresse qui vous attend.
Quelle que soit votre génération, le verbe « aimer » se conjuguera à tous les temps – et par tous les temps. Une vigilance rouge est à signaler autour du 16 mai. Notez une alerte dans votre agenda.

Horoscope

Travail

C'est une année en deux temps.
Un premier semestre plutôt sympathique. Vous avez le vent en poupe et les portes s'ouvrent. C'est une période pour poser les jalons de vos projets, demander un avancement. Bref, ce que vous sèmerez ce 1er semestre obtiendra une récolte fructueuse.
Au 2e semestre, vous aurez le sentiment de pédaler dans la choucroute. Reports, retards, malentendus, complications et autres contretemps vous contrarieront et mettront vos nerfs à rude épreuve. Le mieux est d'attendre que cela passe. Inutile de vous agiter, ça ne fera pas avancer les choses.
Du côté de vos finances, évitez les investissements, les spéculations ou autres boursicotages dans ce 2e semestre, car vous risquez des dérapages incontrôlés.

Forme

Une tornade ! Vous avez une énergie à tout casser ! Votre seule difficulté : parvenir à canaliser cette force. Devant un obstacle, une contrariété ou dans l'adversité, l'agacement vous gagne, vous déborde et tant pis pour les susceptibilités. Un petit conseil pour éviter les accrochages et autres maladresses, dépensez votre énergie, pas vos sous.
Comment ? Si votre cadre de vie ne se prête pas au jogging, empruntez les escaliers plutôt que l'ascenseur ! Toutefois, rien ne vous interdit de faire les deux, ascenseurs et jogging ! Si cela vous prend au boulot, isolez-vous et tapez dans un punching-ball imaginaire !

Horoscope

TAUREAU

(21 avril – 20 mai)

Votre ciel de 2015

Un ciel sous des influences venues d'ailleurs, qui balayeront même les petits recoins du signe. Vous ne serez pas à l'abri de bourrasques ou de giboulées. Mon conseil pour cette année : aux abris ! Si vous devez sortir, n'oubliez pas votre parapluie, si vous voulez profiter d'un petit coin de paradis ! Ce sera doux et sympa à l'intérieur, mouvementé et incertain à l'extérieur.

Amours et relations

Votre devise cette année sera « pour vivre heureux, vivons cachés ! »

Tout en discrétion, pudeur et sobriété – ce qui n'exclut pas intensité et force ! Votre home sweet home sera votre refuge, votre cocon, votre tanière et, si vous le partagez, alors vous serez le plus heureux des hôtes du zodiaque. Si vous vous isolez, pas de panique : quelques ami(e)s très fidèles seront là pour entretenir les feux de l'amitié.

Vague à l'âme pour les natifs du 2e décan qui seront amenés à surfer sur des ondes parfois déferlantes. Brise-cœur, brise-larmes. Laissez-vous emporter vers d'autres rivages, laissez-vous surprendre, ce n'est que du bonheur !

Horoscope

Travail

Les éléments soufflent le chaud et le froid dans ce domaine. Vous n'aurez pas le temps de vous endormir sur vos lauriers. Certains d'entre vous seront tentés d'aller voir si l'herbe n'est pas plus verte ailleurs ! Attention aux décisions prises sur un coup de tête, car vous pourriez vous la prendre, la tête, et même vous arracher les cheveux ! Il y aura des discordes, des situations inconfortables et stressantes, mais pas de quoi fouetter un Taureau ! Heureusement que vous ne serez que deux ou trois poignées. Les autres avanceront sur des montagnes russes.
Si vous avez une transaction à programmer, une belle fenêtre s'ouvre la première quinzaine de mars, profitez-en !

Forme

Attention à ne pas vous ankyloser ! Bouger, quelle fichue affaire ! Sédentaire, vous l'êtes cette année, avec des grignotages gourmands en plus. Et là, double « effet Kiss Cool » !
Il faudra vous prendre par la main et vous promener dans les bois, dans la nature, au bord de l'eau, partout où vous aurez plaisir à respirer, à écouter le doux chant de mère Nature.
Il faudra aussi perdre la clé du frigo, de votre armoire à provisions, de votre cellier, éviter le rayon confiseries, et ne pas vous laisser séduire par les regards noirs du chocolat. Ne succombez pas à toutes les tentations.
Vous savez ce qu'il vous reste à faire maintenant !

Horoscope

GÉMEAUX

(21 mai – 21 juin)

Votre ciel de 2015

Une année riche en rebondissements et en remises en question. Vous surferez sur des vagues à vous donner le frisson. Des découvertes intéressantes pour les trentenaires, une réorientation professionnelle pour les quadras, de nouvelles découvertes palpitantes pour les quinquas, et un petit grain de folie déraisonnable pour les sexagénaires.

Amours et relations

Ce domaine est à l'abri des bourrasques de la vie. Un endroit où vous pourrez vous ressourcer ; votre repos du guerrier en quelque sorte. Selon votre génération, les rencontres seront passionnantes et éphémères pour les natifs du début des années 1990. Pour ceux des années 1980, votre cœur vivra une belle romance, que vous perpétuerez avec un engagement de longue durée. Ceux des années 1970 essuieront des coups de vent et des moments de tempête, mais en surfeurs adroits – très adroits même – ils négocieront les vagues, tant qu'elles ne bouleversent pas l'âme ! Les natifs plus anciens redécouvriront les délices et les saveurs d'une tendre compagnie et de quelques escapades pleines de charme.

Fraternité et soutien dans votre vie familiale et amicale.

Horoscope

Travail

Une ambiance plutôt productive et constructive dans ce domaine. Votre développement est durable. Si vous êtes étudiant, le succès sera au rendez-vous.
Le climat n'épargne pas vraiment les quadras qui seront sous les feux de la rampe céleste. Des influx contrariants vous acculent à une remise en question, voire une réorientation pour certains. Un bilan sera votre boussole pour vous aider à retrouver votre chemin. Une formation enrichira vos compétences.
Côté financier, soyez prudent et gardez raison. Évitez les investissements, les dépenses somptuaires ou autres babioles inutiles. Même si ce n'est pas votre tasse de thé, vous allez devoir vous pencher sur vos comptes et surtout veiller à les maintenir en équilibre. Vous devrez apprendre que l'amitié s'entretient aussi sans petits cadeaux.

Forme

Une forme à géométrie variable, ce qui va vous permettre de la réguler, par votre respiration, quelques tisanes bienfaisantes…
Commencez votre journée par quelques exercices devant votre fenêtre ouverte – quel que soit le temps ! Inspirez en ouvrant votre thorax et en écartant les bras, maintenez votre inspiration quelques secondes et expirez en vidant vos poumons, tout en vous « repliant » et en appuyant sur votre ventre. Répétez plusieurs fois. La respiration va réguler vos énergies, les stimuler ou les apaiser selon vos besoins.
Dans votre placard, on devrait trouver des tisanes à base d'aubépine, de camomille, de tilleul, de passiflore, de valériane pour les moments de nervosité ou de trop-plein d'énergie. Des tisanes à base d'ache, de chardon-Marie, de mélisse, de myrtille, de cerfeuil, de ginseng, de cannelle pour un effet tonique.

Horoscope

CANCER

(22 juin – 22 juillet)

Votre ciel de 2015

Un ciel sous le signe de la sensualité et de la sensibilité. De l'audace pour les plus réservés, de la pudeur pour les plus extravertis. Votre vie émotionnelle sera au premier plan cette année. C'est elle qui conditionnera et qui donnera de la couleur aux autres domaines ; elle qui vous donnera aussi l'envie de découvrir d'autres cieux, d'autres paysages.

Amours et relations

Amour, amour, quand tu nous tiens ! Et il va vous tenir au long des jours, des semaines, des mois qui viennent. Des amours balbutiantes pour les plus jeunes, des amours à se brûler les ailes pour les natifs du 2e décan des années 1970. Des amours de sérénité retrouvée, des amours tumultueuses et turbulentes pour les natifs des années 1980. Aimer sera conjugué à tous les temps, avec passion, tendresse, volupté, pudeur ou, selon votre configuration personnelle, avec tristesse et nostalgie.
Vous avez un environnement, tant familial qu'amical, chaleureux. Vous pouvez compter sur lui. Il partagera vos joies, vous soutiendra dans les jours plus sombres. Ce cercle pourra aussi compter sur vous, sur votre écoute et votre générosité.

Horoscope

Travail

Ça ronronne gentiment dans ce secteur, sauf pour les quadras du 2e décan. Ces natifs rencontrent des turbulences qui les mettent à mal, qui les troublent et les déstabilisent. Le changement est dans l'air pour vous. Inutile de vous accrocher à vos habitudes, à vos certitudes, ça se bouscule. Pour certains, ça passe par une réorientation, pour d'autres par un changement de lieu. Votre vie personnelle sera au centre et conditionnera vos choix.
Côté finances, ça ne va pas mal du tout ! Néanmoins, attention à vos élans de générosité qui pourraient vous mettre à l'étroit à certains moments. Mettez quelques oursins dans vos poches pour vous rappeler à la raison.

Forme

Chez vous, quand l'amour va, tout va ! La forme est plutôt au beau. Quelques conseils pour bien l'entretenir. Votre visiteur céleste vous invite à prendre soin de vos cheveux et de votre peau. Pour vos cheveux, voici une petite recette pour les revitaliser et les faire briller : dans un bol, mélangez 2 cuillères à soupe d'huile d'olive, 1 jaune d'œuf, 1 cuillère à soupe de rhum, et appliquez sur les cheveux pendant 20 minutes. Rincez à l'eau tiède avec, de préférence, du jus de citron ou, à défaut, du vinaigre blanc.
Pour votre peau, une recette simple de lait pour le corps : dans un bocal, faites macérer 125 grammes de poudre d'amande dans 250 ml d'eau de rose (faites infuser une poignée de pétales de rose dans 250 ml d'eau bouillante pendant 15 minutes et filtrez). Ajoutez 25 cl de glycérine et 1 cuillère à café de teinture de benjoin. Laissez macérer quelques jours, filtrez et mettez en bouteille. Conservé à l'abri de la lumière et dans une bouteille hermétiquement fermée, ce lait peut se conserver 6 mois.

LION
(23 juillet – 22 août)

Votre ciel de 2015

Une année « plein feu » sur le travail ! Un visiteur céleste dans votre signe joue les Pygmalion. Il vous met sous les feux de la rampe au moins jusqu'en août. Vous pourrez ensuite récolter les fruits de vos actions, de vos investissements, de vos démarches. N'allez pas en déduire pour autant que vos amours sont au placard. Elles sont simplement en deuxième place au hit-parade de vos préoccupations.

Amours et relations

Au mieux, ce domaine est dans une « zone de confort » pour ceux qui sont en couple. Ils y puiseront réconfort et tendresse, repos et complicité. Les célibataires apprécieront leur « liberté d'action », le fait de pouvoir s'investir sans retenue et sans devoir tenir compte de l'environnement. Les natifs des années 1990 aimeraient goûter aux joies de l'amour, mais sans pour autant délaisser leurs perspectives professionnelles.
Votre famille et vos amis se plaindront de vos « absences » ! Vous n'avez pas le don d'ubiquité. Vous serez peu disponible, peu accessible. Alors un conseil, ménagez un peu de votre temps ! Les petites attentions entretiennent l'amitié.

Travail

Comme le commandant sur son navire, vous devez être sur le pont jusqu'en août. Ensuite, vous pourrez voguer plus au calme, ou récolter les lauriers de votre succès pour certains d'entre vous. Les plus entreprenants sont les natifs des années 1970. Vous aimez retrouver la petite dose d'adrénaline qui vous rend si créatif, et retrouver ce petit quelque chose qui émoustille votre sens du défi. D'autres prendront le risque d'une aventure en solo en créant leur entreprise, surtout si elle concerne les technologies modernes. Le succès sera au rendez-vous.
Côté finances, vous aurez du flair ou du nez pour investir, parfois en faisant fi de l'avis de spécialistes et en n'écoutant que votre propre instinct. Ici aussi, le succès vous attend.

Forme

Votre moteur tourne rond, la bonne santé est au rendez-vous. Vous pourriez cependant avoir de-ci de-là quelques courbatures. Pour garder votre souplesse, n'oubliez pas de faire quelques petits mouvements d'une grande simplicité, qui ne vous prendront que 2 à 3 minutes.
Le matin au réveil et avant de sortir du lit, étirez-vous dans tous les sens, comme les chats. Faites des moulinets avec les pieds et les poignets, roulez des épaules. Poursuivez avec quelques respirations : une inspiration profonde et une expiration en soufflant tout l'air brusquement. Cela va « dérouiller » vos articulations et faire circuler l'énergie dans le corps entier. Si vous êtes adepte des douches matinales, frictionnez-vous avec quelques gouttes d'huile essentielle de genévrier pour décontracter vos muscles.

VIERGE

(23 août – 22 septembre)

Votre ciel de 2015

Un quatuor d'acteurs célestes joue les sonates d'une belle harmonie, mais s'essaie parfois à la dissonance. Si cela écorche vos oreilles, cela égratignera vos émotions. Occasionnellement, un invité les accompagne, apportant symétrie ou cacophonie selon sa nature. L'automne apportera de la douceur, de la tendresse, de la compréhension et une délicieuse complicité.

Amours et relations

Les voix de l'amour sont souvent impénétrables, mais pour les natifs du 2e décan, toutes générations confondues, les voix seront souvent discordantes. Entre bouleversements, déstabilisations, remises en question, vos émotions vont tanguer ou tourner en rond. Cette période délicate précède un renouveau, une renaissance, une rédemption.

Les autres natifs sont à l'abri des intempéries célestes et pourront se réfugier dans un cocon de tendresse. Le ciel des natifs du 3e décan augure des relations épanouissantes, des rencontres constructives.

L'environnement familial est un soutien en cas de besoin, mais attention à ne pas vous laisser envahir !

Horoscope

Travail

Natifs du 3e décan de la fin des années 1970 et du début des années 1980, votre vie professionnelle est en effervescence. Des changements sont à l'ordre du jour. Des transformations souhaitées et pilotées, mais aussi pour certaines, des changements subits et déstabilisants. Quoi qu'il en soit, il est temps pour vous de mener votre propre barque, de porter et de réaliser votre projet personnel, d'être indépendant et autonome. Ce que le ciel vous retire d'une main, il vous le rend autrement de l'autre. Les autres natifs apprécieront une stabilité retrouvée.
Pour les transactions ou les engagements financiers, évitez trois périodes : de fin janvier à mi-février, de fin mai à la mi-juin, de la fin octobre à la mi-novembre.

Forme

Plutôt un bon tonus. Vous avez du ressort, du dynamisme – une réponse énergique aux différentes sollicitations de la vie. Vous pouvez compter sur une bonne faculté de récupération.
Pour entretenir cette belle mécanique, des promenades au grand air vous feront le plus grand bien. Si l'envie vous en prend, bien que ce ne soit pas votre tasse de thé, faites quelques exercices d'étirement et de respiration lorsque vous êtes dehors.
Comme vous êtes un(e) adepte des « tisanes de grand-mère », voici une recette pour nettoyer votre corps et garder la bonne forme. Mélangez à parts égales trois ou quatre de ces plantes selon vos envies : du bleuet, de l'achillée ou mille-fleurs, de l'aubépine, du frêne, de la chicorée, du chardon-Marie, de la gentiane, du pissenlit. Sucrez votre infusion avec du miel ou du sirop d'érable.

Horoscope

BALANCE ♎
(23 septembre – 22 octobre)

Votre ciel de 2015

Votre home sweet home sera votre point d'attache, votre havre de sérénité et de ressourcement. Vous en aurez besoin, surtout si vous êtes natif du 2e décan du début des années 1970. Les natifs du 3e décan de la fin des années 1970 plancheront sur des projets professionnels et/ou personnels. Pour les autres, votre ciel réserve quelques bonnes surprises.

Amours et relations

Love, love, love… Ciel plutôt serein et harmonieux dans ce domaine, mais se sera sans compter quelques petits nuages. S'il y a beaucoup de particules amoureuses dans votre ciel, parfois elles s'entrechoquent et font des étincelles. Les cœurs solitaires trouvent, ou retrouvent, le chemin d'une tendre complicité. Si certains ne souhaitent qu'un charmant tour de piste, d'autres s'engageront dans un marathon d'une durée indéterminée. Février-mars et novembre-décembre sont les périodes les plus favorables.
Un très beau coin de ciel bleu éclaire vos relations, tant familiales qu'amicales. Vous y trouvez tendresse, soutien et complicité joviale. Vous aimez vous retrouver pour fêter un anniversaire, un succès, ou tout simplement pour le plaisir de se voir et de passer un bon moment ensemble.

Horoscope

Travail

Un ami, ou plutôt un Pygmalion céleste, vous incite à ouvrir vos cartons de projets et à plancher sur leur réalisation. Les quadras du 3e décan seront plus sensibles à cette invitation, et pourraient décider de se lancer dans une aventure professionnelle en toute indépendance. C'est une période favorable pour transférer votre bas de laine et alimenter votre projet. Ces semailles présagent de bonnes récoltes à terme.
Les natifs des autres décans poursuivent leur chemin sans accroc, sans stress. Ceux du 1er décan peuvent se découvrir un hobby dans le domaine créatif.
Vous pourriez être pris de fièvre acheteuse ! Pas pour courir les magasins et faire du gentil shopping, mais plutôt pour envisager une transaction immobilière, l'achat d'une voiture ou un investissement important. Vous pouvez aussi augmenter vos revenus liés au travail.

Forme

Par-ci par-là dans ce domaine, quelques petits bémols sont dus essentiellement à des moments de fatigue. Par moments, vous avez tendance à en faire un peu trop, à ne pas savoir dire non ou poser des limites.
Pour prévenir ces coups de fatigue, déterminez des zones sacrées. De quoi s'agit-il? C'est un temps qui n'appartient qu'à vous et rien qu'à vous. C'est vous qui en déterminez le moment, la durée et la fréquence. Rien ne peut venir encombrer ces zones ou les remettre à plus tard. C'est sacré, donc important pour vous. Vous calez ces moments dans votre agenda à l'encre indélébile, pour ne pas les effacer, ni les raturer. À l'intérieur de ces zones, vous faites ce que vous voulez. Vous occupez votre temps selon vos désirs, et pas selon vos besoins. C'est un moment qui vous appartient, à vous et à personne d'autre. N'oubliez pas, c'est sacré !

Horoscope

SCORPION
(23 octobre – 21 novembre)

Votre ciel de 2015

Votre domaine professionnel va mobiliser toute votre attention, avec plus d'acuité chez les natifs du 3e décan, avec des remous pour ceux du 2e décan, et avec plus de sérénité pour ceux du 1er décan. Pensez aussi formation et/ou apprentissage à des fins professionnelles ou ludiques.
Côté cœur, le paysage est paisible, agréable. C'est presque un « long fleuve tranquille » !

Amours et relations

Un peu de vague chez les natifs du 1er décan, du vague à l'âme, du vague dans votre relation, du vague dans vos perspectives. Un cœur un peu à l'envers, qui a du mal à trouver sa place. Un conseil, ouvrez les yeux du cœur, pas ceux de la tête ou des neurones ! Laissez parler vos ressentis, vos envies. Ne restez pas dans le flou, déchirez le voile !
Les natifs des autres décans traversent cette année paisiblement. Paysage vallonné, bucolique, une forte envie de pique-nique à deux, ou de se rouler dans les foins ! Si vous êtes en couple, ça se passe bien. Si vous êtes seul(e), vous aurez un partenaire pour vous rouler dans les foins !
Sur le plan amical, il y a un risque de vous séparer d'une vieille connaissance du fait de l'usure du temps qui passe.

Horoscope

Travail

Accords et désaccords, surtout chez les natifs du 2e décan. Le domaine bouge, ou vous le faites bouger. Cette ambiance est présente jusqu'en avril. Ensuite, selon les actions menées, la récolte sera plus ou moins fructueuse. Vous pouvez ambitionner une évolution ascendante, un travail si vous n'en avez pas, un aménagement selon vos vœux, de nouvelles perspectives à terme.
Vos neurones sont très curieux et en veulent plus ! C'est une bonne période pour faire ou refaire une formation, explorer des domaines qui vous intéressent, mais que vous n'avez pas encore abordés.
Côté finances, les natifs du 1er décan doivent gérer en gardant un œil sur les compteurs, s'ils ne veulent pas qu'ils virent au rouge ! Les autres sont à l'abri des surprises.

Forme

Une année en montagnes russes, avec des pics de très bonne forme, où on a du mal à vous suivre, et des baisses d'énergie qui engendrent une humeur caustique. Dommage qu'on ne puisse pas stocker de la bonne forme, pour la retrouver lors des moments de creux. Ce sera à vous de réguler ces variations.
Profitez des moments de pleine santé pour faire du step ou du jogging. Pour le step, monter et descendre les escaliers peut se faire par tous les temps. Le jogging se fera par une météo plus clémente.
Pour les moments de ramollissement, faites une petite cure de gingembre. Si vous l'aimez brut, mangez une fine tranche de racine fraîche tous les matins. Cela vous protégera aussi contre les petits microbes baladeurs. Vous pouvez aussi vous faire une limonade rafraîchissante et stimulante : extrayez le jus d'une racine de la valeur d'un pouce, ajoutez 1 cuillère à soupe de miel et le jus d'un citron, vert de préférence. Mettez dans une bouteille de 1 litre, que vous remplissez d'eau de source. Buvez cette limonade tout au long de la journée.

SAGITTAIRE 

(22 novembre – 21 décembre)

Votre ciel de 2015

Un visiteur céleste vous invite à pointer votre flèche vers le haut ! Il vous conseille de modérer vos extraversions et de mettre du sérieux dans votre moteur. Vous serez plus à cheval sur les principes et les valeurs, plus rigoureux dans vos actions, et vous donnerez un cadre plus officiel à vos relations. De juin à août, il fait une petite ritournelle, ce qui vous fait des vacances !

Amours et relations

Grande période de stabilité dans ce domaine. Vous prenez les choses au sérieux et si vous n'êtes pas encore engagé, vous pourriez sérieusement l'envisager. Pour les célibataires, il y a en arrière-plan la perspective de construire et de convoler de la façon la plus traditionnelle. Pour les couples établis, la vie s'écoule sans ennui, affectueusement et tendrement. Une poignée de natifs du début des années 1970 traverseront des turbulences, mais en bon capitaine, vous tiendrez le cap.

Des relations familiales plutôt paisibles, un havre de sérénité. Vous pouvez compter sur l'affection pour ainsi dire indéfectible de vos proches. Côté amitiés, c'est assez agité, dans le sens où elles sont joyeuses et animées, pleines d'imprévus et de franches rigolades.

Horoscope

Travail

« Toujours plus haut, toujours plus loin », telle est votre devise cette année. Vous repoussez la limite de vos possibilités. Vous y mettez toute votre énergie. Cela remplira vos journées et comblera vos ambitions. Vous n'aurez pas de mal à vous frayer un chemin sur la route de vos ambitions ou à trouver un travail, une formation ou un apprentissage. Il faudra cependant compter sur un coup de frein entre juin et fin août, période qui peut mettre votre patience à rude épreuve et vos nerfs en pelote.

Cette période est aussi favorable pour tout ce qui concerne vos finances. Investissements, transactions, placements, augmentations, prêts, vous êtes sous une bonne étoile dans ce domaine. Mais attention ! Être sous une bonne étoile ne signifie pas être prodigue ou panier percé.

Forme

Bonne mine, bonne forme. Bref, la vitalité est présente et vous pouvez compter dessus à tout moment. Vous savez y faire pour équilibrer vos énergies, vous accorder un repos réparateur, avoir une hygiène de vie et galoper dans les grands espaces. Bien que vous ayez une âme d'aventurier, vous êtes assez sédentaire finalement. Certes, vous bougez beaucoup dans votre quotidien, vous allez de-ci de-là pour vos obligations, mais vous ne bougez pas assez pour bien faire circuler les énergies.

Les gymnastiques orientales qui conjuguent exotisme et philosophie vous vont bien. Alors, ménagez-vous un peu de temps dans votre planning pour vous inscrire à un cours. Ce serait tout bénéfice pour vous. Veillez d'abord à avoir de la régularité dans votre emploi du temps, un équilibrage permanent de vos énergies, un apaisement dans les périodes survoltées et de la vitalité dans les périodes de fatigue.

Horoscope

CAPRICORNE
(22 décembre – 20 janvier)

Votre ciel de 2015

Vous avez toujours un locataire céleste qui perturbe votre ciel et qui brouille vos cartes… de navigation s'entend. Votre boussole perd le nord, ou vous dévie de votre route. Qu'à cela ne tienne, vous découvrez d'autres cieux où de belles surprises, déstabilisantes bien sûr, vous attendent ! Les natifs du 2e décan sont dans l'œil du cyclone !

Amours et relations

Quelle que soit votre décennie de naissance, cette année est riche en événements, en retournements de situations, en imprévus. Vous qui généralement aimez le confort douillet de vos habitudes, votre petit cœur risque la nausée. Pour certains, ce sera une nouvelle rencontre qui décoiffe, mais vous émouvra terriblement, une rencontre qui remuera votre ordre établi. Pour d'autres, ce sera le besoin de sortir de vos habitudes, de voir et de vivre des sensations nouvelles. C'est vous qui décoiffez !
Les natifs des autres décans naviguent en toute sérénité avec leur partenaire. La mer est calme et l'équipage (entendez famille et amis) vous entoure de sa tendresse. Les cœurs solitaires le resteront. Les natifs du 3e décan enrichiront leur carnet d'adresses.

Horoscope

Travail

Du mouvement dans ce domaine ! Ajoutez à cela des influx qui vous poussent dans le dos, qui tourbillonnent et bousculent plus particulièrement les natifs du 2e décan, avec le risque d'un dérapage non contrôlé. Il y a du changement dans l'air ! Changement de lieu, changement d'orientation, changement dans vos habitudes. Il faudra vous y faire. Les natifs du 1er décan sont épargnés. C'est normal, ils viennent à peine de retrouver une stabilité.
Côté finances, quelques surprises vous attendent. Vous devrez être vigilant et prudent si vous ne voulez pas surfer sur des montagnes russes. Un petit diable va vous soumettre à la tentation. Allez-vous pouvoir résister ? Réponse sur votre compte bancaire !

Forme

Globalement une bonne forme, malgré les bourrasques qui vous agitent. Vous pourrez compter sur cette force pour la traversée. Si je peux révéler l'une ou l'autre faille, ce sont vos voies respiratoires et votre bassin.
Pour les voies respiratoires, faites de la prévention. Comment ? En faisant quotidiennement quelques respirations. Que ce soit au lever devant votre fenêtre ouverte, dans la rue en allant à votre travail, à la pause déjeuner dans un espace vert. Inspirez profondément, retenez la respiration en comptant jusqu'à cinq et expirez doucement. Répétez ce cycle plusieurs fois. Avec cet exercice, vous allez visiter les moindres recoins de vos poumons. En parallèle, mettez quelques gouttes d'huile essentielle de thym et d'eucalyptus dans vos humidificateurs.
Pour votre bassin, dans votre salle de bains ou dans un endroit intime, faites des rotations ou des balancements des hanches en mettant un doigt sur la tête comme si vous étiez suspendue à un fil. Cela a aussi pour effet d'étirer la colonne vertébrale, un bénéfice secondaire !

Horoscope

VERSEAU
(21 janvier – 18 février)

Votre ciel de 2015

Dans votre ciel une visite va mettre vos neurones à la fête et vos émotions en goguette ! Ces énergies vous insufflent un dynamisme qui peut parfois friser la suractivité. Des neurones curieux, mais aussi de la distraction, des envies d'entreprendre et, chez certains, un esprit d'aventure. Un point d'orgue dans toute cette agitation : en avril et mai, ces paramètres sont multipliés et peuvent aller jusqu'à l'excès.

Amours et relations

Ciel très partagé ! Les juniors sont en récréation et prennent les choses à la légère. Ils butinent, marivaudent et apprécient coquinement les plaisirs de la vie. Les autres natifs prennent les choses au sérieux, font des projets, regardent l'avenir avec confiance et n'hésiteront pas à s'engager, si ce n'est déjà fait. Certains couples traverseront des phases chaotiques, des zones d'intempéries et des rages. Mais ne dit-on pas qu'après la pluie vient le beau temps ? Si, pour quelques-uns, cette traversée casse et sépare, pour d'autres, ces éternuements seront salutaires.
Des changements dans votre carnet d'adresses ! Il y a des sorties et des entrées, sachez cependant que le cercle de vos amis s'agrandit.
Beau temps et soleil dans vos relations familiales.

Horoscope

Travail

L'année écoulée était très dynamique. On vous a vu(e) sur tous les fronts. Des projets se sont mis en place, des situations ont changé ou se sont consolidées. Cette année, vous pouvez être en « roue libre » ou œuvrer à son développement. Les natifs du 3e décan sont d'humeur à prendre de nouveaux risques, à se transporter, ou à s'exporter au loin. S'endormir sur ses lauriers n'est pas pour vous. Vous envisagez déjà d'autres conquêtes.
Natif du 1er décan, vous devez mettre des oursins dans vos poches ! Votre générosité n'a pas de limites et vous serez souvent atteint de la fièvre acheteuse. Grande prudence donc, pour ne pas déraper et glisser vers le rouge. Les natifs des autres décans peuvent compter sur des finances plutôt sympathiques et même taquiner la chance, mais avec modération.

Forme

Un patchwork, une mosaïque de formes ! Chez vous, les jours se suivent, mais ne se ressemblent pas dans ce domaine. Votre entourage aura souvent du mal à vous suivre dans tous ces méandres. Vous entendrez aussi mille et un petits conseils pour : soit vous débarrasser d'une fatigue, soit trouver le sommeil, soit mieux digérer, soit avoir plus de dynamisme. Même si parfois cela vous agace, je vais y aller des miens.
Quel que soit votre état de forme, fréquentez les hammams ou les spa. Offrez-vous des massages aux huiles essentielles, choisies en fonction de vos humeurs, vos états d'âme et de votre vitalité. Les huiles essentielles de romarin, de menthe, de lavande, de citron et d'ylang-ylang peuvent vous convenir, quel que soit votre état de forme.

POISSONS

(19 février – 20 mars)

Votre ciel de 2015

Une année placée sous le signe du romantisme. Il y en aura à tous les étages ! Vous aurez tendance à vous laisser bercer par ses chants et, de ce fait, à perdre contact avec la réalité.
Vous aurez des réveils parfois difficiles et vous apprendrez à vos dépens que tout le monde n'est ni beau, ni gentil. Mais vous aurez aussi des moments de grande inspiration.

Amours et relations

Quels que soient votre âge et votre génération, c'est l'amour romantique qui vous fait rêver, qui vous fait vibrer et qui vous fait avancer. Quel que soit votre coin de ciel, à un moment ou un autre, vous serez touché par ces influx. Cela se traduira par une rencontre pour les cœurs à prendre, par des noces pour les fiancés, avec ensuite une naissance pour certains. Les natifs d'avant les années 1970 redécouvrent des émotions, des rêves et même l'amour !
Vous avez autour de vous des ami(e)s solides, sur qui compter, des personnes qui seront à vos côtés dans vos joies, comme dans vos peines. Petit bémol côté famille, des incompréhensions vont égratigner votre sensibilité.

Horoscope

Travail

Vous devrez particulièrement avoir les pieds sur terre dans ce domaine et ce ne sera pas toujours facile pour vous, puisque vous avez la tête dans votre petit nuage. Les natifs du 1er décan seront particulièrement affectés par les contraintes et les limites. Ceux du 3e décan prendront leur envol ou auront l'occasion de montrer toute l'amplitude dont ils sont capables. Ceux du 2e décan sont à l'abri des vents contraires et se la « coulent douce »! Façon de parler, c'est plutôt la discrétion.

À des degrés divers, selon votre décan et votre configuration personnelle, attention à votre porte-monnaie! Vous pourriez avoir l'argent volage, la CB facile et le banquier consterné!

Forme

Une forme mitigée. Sensibilité, émotivité, blues et mélancolie sont des mots qui, à un moment ou un autre, feront partie de vos états d'âme. Vous aurez souvent l'impression d'être dépassé(e) par les événements et/ou de vous noyer dans un verre d'eau.

Comment y remédier? Pas de recettes miracles, mais des petits trucs efficaces. Posez-vous la question « Qu'est-ce qui est important pour moi aujourd'hui? » et faites un contrat avec vous-même pour une échéance de réalisation. Surtout, respectez ce calendrier. C'est un petit truc pour apprendre à aller à l'essentiel, à ne plus louvoyer et vous perdre.

Autre petit truc pour retrouver de la lumière: fermez les yeux et imaginez-vous comme une statue vide. Visualisez une ampoule et un interrupteur à la base de votre sternum. Allumez cette ampoule et amplifiez la lumière pour qu'elle éclaire les moindres recoins de votre intérieur. Répétez ce petit exercice à volonté. Vous rallumerez la petite lumière de votre regard, vous retrouverez confiance et joie de vivre.

SOLUTIONS DES JEUX

Réponses des mots croisés

Mots croisés p. 58

R	E	P	R	I	M	A	N	D	E
A	M	O	U	R	S	■	O	I	N
B	O	S	S	E	■	P	I	T	T
A	T	T	E	■	V	I	R	E	R
C	I	A	■	B	I	O	S	■	E
H	C	■	D	E	A	N	■	H	P
E	O	L	I	E	N	■	F	A	R
U	N	I	E	S	■	P	E	R	I
S	E	N	S	■	G	E	R	E	S
E	S	O	T	E	R	I	S	M	E

Mots croisés p. 176

S	I	C	I	L	I	E	N	N	E
I	N	F	R	A	C	T	I	O	N
B	I	■	R	I	■	R	T	■	V
E	T	R	I	Q	U	E	R	A	I
R	I	C	T	U	S	■	A	T	E
I	A	■	A	E	T	I	T	E	■
E	T	A	I	■	E	C	E	R	G
N	I	S	S	A	R	T	■	I	O
N	O	S	■	E	■	U	S	E	R
E	N	E	R	G	I	S	A	N	T

Mots croisés p. 212

K	I	B	B	O	U	T	Z	I	M
I	N	O	U	I	E	■	O	S	A
C	H	U	T	E	■	P	R	I	T
H	U	E	E	■	H	E	R	S	E
E	M	S	■	B	O	Z	O	■	R
N	A	■	C	R	U	E	■	P	N
O	T	A	R	I	E	■	C	L	E
T	I	G	E	S	■	V	I	O	L
T	O	R	D	■	V	I	E	I	L
E	N	S	O	R	C	E	L	E	E

Mots croisés p. 384

A	R	E	T	E	■	S	A	U	T
C	O	M	E	D	I	E	N	N	E
T	U	B	E	■	L	A	I	T	■
U	S	E	■	P	E	N	S	E	R
A	S	T	R	E	■	T	■	L	O
L	E	E	■	U	R	E	E	■	S
I	■	R	A	■	E	■	S	P	A
S	T	A	G	E	■	S	T	U	C
E	H	■	I	■	P	I	E	C	E
R	E	G	R	E	T	■	S	E	S

Mots croisés p. 574

R	A	T	E	L	I	E	R	S	■
I	M	I	T	A	T	I	O	N	S
B	I	■	R	■	I	D	I	O	T
A	R	I	E	N	N	E	■	B	U
M	A	N	■	A	E	R	E	■	R
B	L	E	M	I	R	■	N	O	N
E	■	R	I	N	A	■	T	O	I
L	E	T	S	■	N	O	E	■	D
L	U	I	■	O	T	E	■	R	E
E	X	E	R	C	E	R	A	I	S

Réponses des sudokus

Solution du Sudoku p. 28

6	4	1	5	2	8	3	9	7
7	8	5	9	4	3	2	6	1
9	3	2	7	6	1	4	5	8
3	2	7	8	9	5	6	1	4
1	6	9	2	3	4	7	8	5
8	5	4	6	1	7	9	3	2
5	9	6	1	7	2	8	4	3
2	1	3	4	8	9	5	7	6
4	7	8	3	5	6	1	2	9

Solution du Sudoku p. 79

3	4	1	2	6	8	9	5	7
8	6	7	5	3	9	2	1	4
2	9	5	4	1	7	6	8	3
4	2	9	7	8	3	5	6	1
5	3	6	1	9	2	7	4	8
1	7	8	6	5	4	3	9	2
9	8	4	3	2	6	1	7	5
6	1	3	8	7	5	4	2	9
7	5	2	9	4	1	8	3	6

Solution du Sudoku p. 142

1	9	8	2	7	6	3	5	4
5	2	7	3	9	4	1	6	8
3	4	6	8	1	5	7	9	2
4	3	2	6	5	9	8	1	7
8	6	9	7	3	1	2	4	5
7	1	5	4	8	2	9	3	6
2	5	1	9	6	8	4	7	3
9	7	4	5	2	3	6	8	1
6	8	3	1	4	7	5	2	9

Solution du Sudoku p. 205

3	2	7	8	5	9	1	6	4
1	9	8	6	4	7	3	2	5
5	4	6	3	2	1	7	8	9
6	3	9	1	7	5	2	4	8
8	5	2	4	9	3	6	7	1
7	1	4	2	6	8	9	5	3
2	8	3	5	1	6	4	9	7
4	7	5	9	3	2	8	1	6
9	6	1	7	8	4	5	3	2

Solution du Sudoku p. 250

7	3	9	4	2	6	8	1	5
1	8	2	5	7	9	3	4	6
4	6	5	1	3	8	7	2	9
5	1	3	9	8	4	6	7	2
6	2	7	3	1	5	9	8	4
8	9	4	7	6	2	5	3	1
2	4	6	8	9	3	1	5	7
3	5	1	6	4	7	2	9	8
9	7	8	2	5	1	4	6	3

Réponses des sudokus

Solution du Sudoku p. 309

2	1	6	8	4	5	7	9	3
3	7	8	9	6	1	5	2	4
4	9	5	7	2	3	6	1	8
7	5	2	4	1	9	3	8	6
9	6	3	2	8	7	4	5	1
1	8	4	5	3	6	2	7	9
8	2	1	6	7	4	9	3	5
6	3	9	1	5	2	8	4	7
5	4	7	3	9	8	1	6	2

Solution du Sudoku p. 368

6	5	4	9	7	1	8	3	2
2	3	1	6	5	8	7	9	4
9	7	8	2	3	4	5	6	1
3	1	9	4	2	7	6	5	8
8	2	7	5	9	6	1	4	3
5	4	6	8	1	3	9	2	7
7	8	2	3	6	5	4	1	9
4	6	3	1	8	9	2	7	5
1	9	5	7	4	2	3	8	6

Solution du Sudoku p. 407

2	8	1	5	4	3	7	6	9
9	4	7	2	6	8	5	3	1
3	6	5	7	9	1	8	4	2
5	7	3	9	8	4	1	2	6
1	9	6	3	7	2	4	8	5
4	2	8	6	1	5	9	7	3
8	5	9	4	3	6	2	1	7
6	1	2	8	5	7	3	9	4
7	3	4	1	2	9	6	5	8

Solution du Sudoku p. 466

4	6	2	1	7	3	9	8	5
3	8	7	9	2	5	1	4	6
9	5	1	8	6	4	7	3	2
1	7	3	6	8	9	2	5	4
2	9	6	5	4	7	3	1	8
5	4	8	2	3	1	6	9	7
8	1	9	7	5	2	4	6	3
7	3	5	4	9	6	8	2	1
6	2	4	3	1	8	5	7	9

Solution du Sudoku p. 519

2	4	8	3	9	6	7	1	5
5	7	3	2	4	1	6	8	9
6	1	9	5	8	7	3	2	4
1	2	6	4	7	3	5	9	8
9	5	7	8	6	2	1	4	3
3	8	4	1	5	9	2	6	7
8	6	5	7	2	4	9	3	1
7	3	2	9	1	8	4	5	6
4	9	1	6	3	5	8	7	2

Solution des mots mêlés

Mots mêlés Spécial WC Book

S	U	O	V	-	Z	E	I	V	A	S	.	E	.	I	S	G	F
S	N	O	I	T	A	T	I	C	.	.	.	É	.	O	E	O	W
S	N	O	I	T	A	C	I	L	P	P	A	P	.	U	M	D	O
S	E	I	R	E	T	E	P	E	R	T	N	O	C	Q	G	W	F
E	R	V	I	L	.	.	.	.	.	.	.	T	.	R	I	I	R
C	.	D	E	S	S	I	N	S	.	.	.	A	.	U	N	N	A
H	C	.	P	E	O	P	L	E	.	.	.	M	.	O	E	X	T
I	E	.	.	.	.	.	D	R	O	L	E	O	.	P	.	E	Y
F	L	D	E	V	I	N	E	T	T	E	S	N	.	J	R	N	F
F	E	T	O	I	L	E	T	T	E	S	.	O	.	E	E	J	V
R	M	.	.	.	.	B	L	A	G	U	E	S	.	U	S	P	N
E	O	T	O	P	.	I	N	S	O	L	I	T	E	X	E	O	B
S	N	.	T	E	S	T	.	.	.	.	.	.	.	.	A	W	D
.	D	C	U	L	T	U	R	E	.	.	.	.	.	.	U	A	F
.	O	.	.	H	U	M	O	U	R	.	.	.	.	.	X	A	J
.	Q	U	E	S	T	I	O	N	S	.	W	E	B	.	.	A	B
L	E	Q	P	J	F	O	L	L	O	W	E	R	S	B	K	L	N
T	X	W	O	W	G	D	A	T	A	N	O	L	I	F	E	N	W

Mots mêlés Spécial *geek*

T	F	.	.	.	.	.	.	.	.	R	E	G	I	S	P	G	.
R	O	.	.	.	.	.	L	A	N	P	A	R	T	Y	O	O	.
A	L	T	.	I	R	L	.	F	A	I	L	.	.	.	K	D	.
I	L	O	H	.	.	.	.	.	.	.	N	E	R	D	E	W	.
L	O	P	E	.	S	.	.	.	.	S	T	U	F	F	R	I	.
E	W	I	A	.	P	.	R	E	T	W	E	E	T	E	R	N	.
R	E	C	D	.	O	.	.	L	.	.	.	.	.	.	.	.	.
.	R	.	S	.	I	.	.	O	.	.	.	.	.	.	.	.	.
.	.	.	H	.	L	.	.	L	.	.	.	.	.	.	.	.	.
L	.	.	O	.	E	F	A	K	E	.	.	.	.	.	.	.	.
I	.	.	T	.	R	.	.	.	N	E	W	B	I	E	.	P	.
K	.	.	W	.	.	.	.	.	.	.	.	.	.	N	.	O	.
E	.	.	T	.	.	N	E	R	D	G	E	E	K	O	.	W	.
R	.	.	F	.	.	.	.	T	R	O	L	L	.	O	.	A	.
.	.	.	.	.	.	.	.	.	.	.	.	.	.	B	.	A	.
.	.	.	H	A	C	K	E	R	.	.	.	.	.	.	.	A	.
.	.	.	.	.	F	O	L	L	O	W	E	R	S	.	.	.	.
.	.	W	O	W	.	D	A	T	A	N	O	L	I	F	E	.	.

Solution des mots mêlés

Mots mêlés Spécial toilettes

O	B	A	V	A	L	.	.	.	.	.	.	.	.	.	C	.	E
E	D	N	A	V	A	L	.	.	.	.	.	.	.	.	I	W	T
E	S	S	O	R	B	C	L	E	A	R	B	L	U	E	G	C	T
.	.	.	.	C	H	A	S	S	E	.	.	.	.	.	A	.	E
.	.	B	L	O	C	W	C	.	.	.	.	.	.	.	R	.	V
.	.	M	A	G	A	Z	I	N	E	S	.	.	.	.	E	.	U
E	É	H	R	R	A	I	D	L	I	V	R	E	S	.	T	.	C
.	.	.	D	E	S	O	D	O	R	I	S	A	N	T	T	.	.
Q	P	.	.	.	R	O	B	I	N	E	T	.	.	.	E	.	.
.	.	.	.	.	.	.	S	M	A	R	T	P	H	O	N	E	W
R	E	I	P	A	P	.	.	.	.	.	.	.	.	.	.	.	C
L	E	V	A	J	.	.	.	.	.	.	.	.	.	.	.	.	B
.	T	E	M	P	S	.	.	.	.	.	.	.	.	.	.	.	O
E	T	T	E	N	U	L	.	.	.	.	.	.	.	.	.	.	O
C	A	N	A	R	D	W	C	.	.	.	.	.	.	.	.	.	K
S	E	T	T	E	L	I	O	T	.	.	.	.	.	.	.	.	.
N	O	V	A	S	.	.	.	.	T	R	O	N	E	.	.	.	.
.	.	.	.	.	.	.	U	R	I	N	O	I	R	.	.	.	.

Mots mêlés Spécial chaussures

N	I	P	R	A	C	S	E	G	O	D	A	S	S	E	.	E	E
I	K	S	-	S	È	R	P	A	.	.	.	.	A	.	.	S	L
.	.	.	.	S	P	A	R	T	I	A	T	E	G	.	.	U	F
.	T	E	N	N	I	S	T	O	N	G	.	.	U	C	.	D	U
E	T	T	O	B	.	.	S	A	V	A	T	E	A	L	A	E	O
B	A	L	L	E	R	I	N	E	B	O	O	T	T	A	I	M	T
E	N	I	T	T	O	B	.	.	.	.	.	.	A	Q	G	.	N
E	L	L	I	R	D	A	P	S	E	.	.	.	P	U	U	.	A
U	E	I	L	E	H	C	I	R	S	.	.	.	.	E	I	.	P
E	É	N	N	O	D	N	A	R	O	.	B	.	.	T	L	.	.
N	I	S	S	A	C	O	M	.	U	.	A	B	.	T	L	S	.
E	P	M	O	P	G	R	O	L	L	E	B	A	.	E	E	A	.
.	.	T	A	T	A	N	E	.	I	.	O	T	.	.	.	N	.
T	O	B	A	S	.	.	.	.	E	.	U	E	.	.	.	D	.
G	O	D	I	L	L	O	T	.	R	.	C	A	.	.	.	A	.
T	E	K	S	A	B	.	.	.	.	.	H	U	.	.	.	L	.
E	S	I	A	T	N	E	R	A	H	C	E	.	.	.	.	E	.
N	O	S	S	U	A	H	C	.	.	.	.	.	.	.	.	.	.

Marie Dewulf

Ses horoscopes, précis et toujours détaillés, apparaissent depuis de nombreuses années dans la presse écrite ou sur diverses antennes comme Europe 2, Voltage FM, etc.

Astrologue de renom, Marie Dewulf anime également des conférences sur le développement personnel : comment vaincre sa timidité, gérer son stress, guérir ses blessures intérieures, interpréter ses rêves pour mieux se comprendre, etc.

Marie Dewulf
01 73 73 22 61
06 87 48 54 93

www.maviedefemme.com

En partenariat avec www.maviedefemme.com, le 1er site féminin et communautaire pour une vie épanouie dans la zen attitude.

Rejoignez notre communauté sur l'application mobile « Je fais ma belle » : actus, astuces, tendances, beauté, minceur, bien-être…

Rejoignez-vous aussi sur Facebook : www.facebook.com/site.maviedefemme

Téléchargez vite *l'application* WC BOOK !

Téléchargez l'application WC Book sur votre smartphone et rejoignez la communauté !

Nouvelle appli, nouveau look, mais toujours autant de jeux, de quiz, de blagues, d'astuces, d'anecdotes, de chiffres, de questions à la con, de peopleries et tant d'autres rubriques à partager avec vos amis sur **Facebook** et **Twitter** !

Défiez-les sans tarder, les fous rires sont assurés !

MES MEILLEURES BLAGUES

MES MEILLEURES BLAGUES

MES MEILLEURES BLAGUES

MES MEILLEURES
BLAGUES

....

....

....

....

....

....

....

....

....

....

....

....

....

....

....

MES MEILLEURES BLAGUES

MES MEILLEURES BLAGUES

MES MEILLEURES BLAGUES

MES MEILLEURES BLAGUES

MES MEILLEURES BLAGUES

MES MEILLEURES BLAGUES

Imprimé à Barcelone par:

CPi
BLACK PRINT